感谢周凯旋基金会慷慨赞助本书的出版

伟大的世界文明

罗马

中华世纪坛世界艺术馆 编

文物出版社

目　录

世界地图——罗马文明

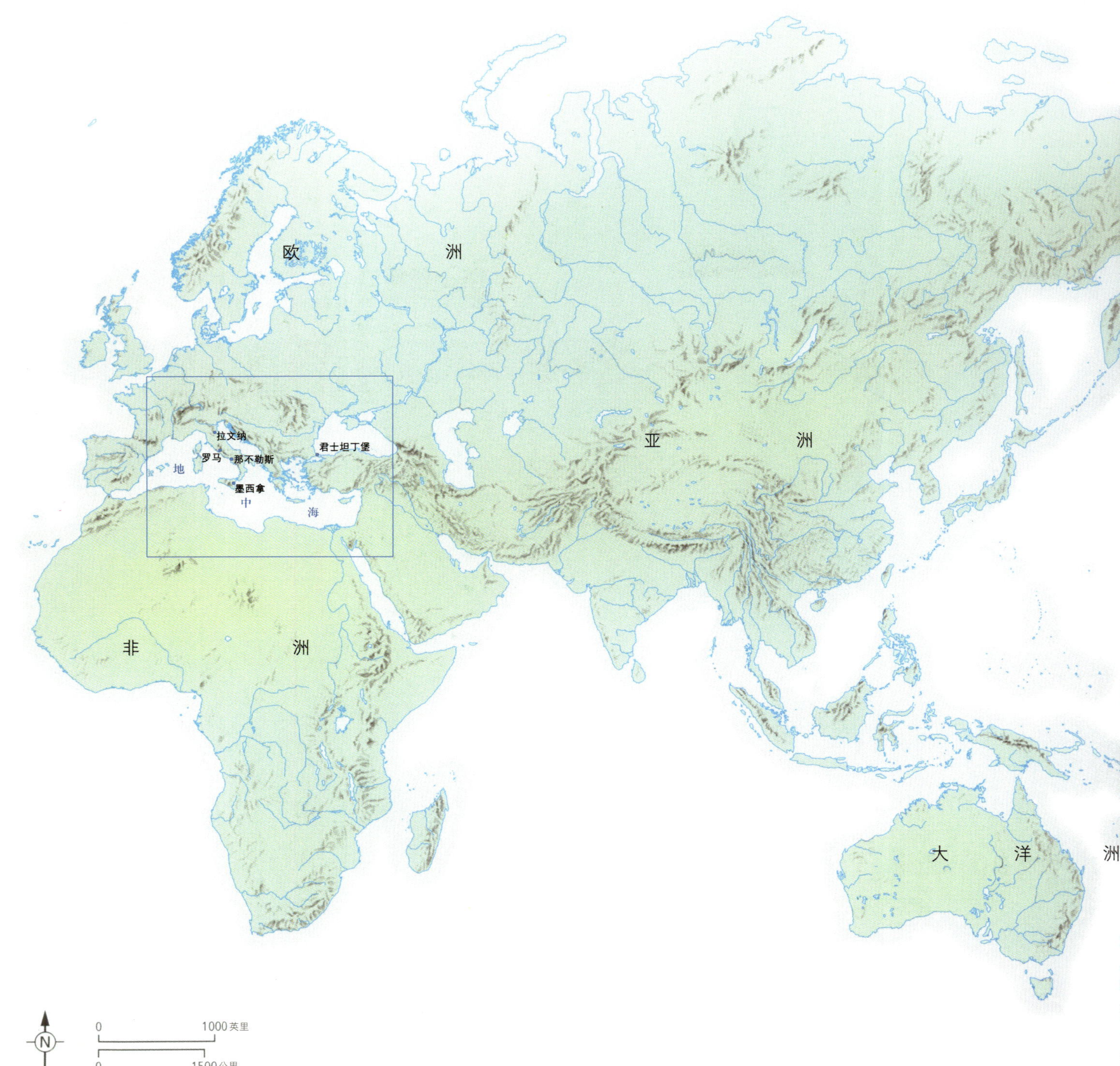

中国连绵不断的五千年历史，孕育了中华灿烂的文明艺术，培养和造就了中华民族坚韧不拔、积极进取的民族精神。今天的中国正以前所未有的姿态走上世界的舞台，为世界的和平和发展发挥着巨大作用。学习和了解世界各民族的文明发展史，在灿若繁星的多元文化中开阔视野升华思想，已成为二十一世纪我们刻不容缓的需要，应运而生的中华世纪坛世界艺术馆肩负重托，世界艺术馆为新世纪搭建起了一个了解、欣赏和研究世界文明和艺术发展的窗口。让我们的国民不出国门就可以与世界文明艺术亲密对话，在人类浩瀚的历史长河中寻觅和了解人类的文明发展史，从异彩纷呈的世界文明艺术中获得新的启迪。

中华世纪坛世界艺术馆精心策划的基本陈列《伟大的世界文明》如期开幕了，来自欧美的十四家博物馆和我们坦诚合作，克服种种困难，将各馆珍藏的三百多件稀世珍宝聚集到中华世纪坛世界艺术馆，这些珍贵的文物向中国观众展示了古代美索不达米亚、埃及、印度、美洲、希腊和罗马人民创造的伟大恢弘的文明艺术。这些珍贵的文物犹如一粒粒熠熠生辉的珍珠镶嵌在世界文明艺术的历史星空中，见证了人类几千年的伟大创造和发展。如同翻开的一部巨著，展览将引领我们穿越历史的时空，去探索、去了解、去感受世界各民族的文明进程和艺术的魅力。展览不仅给我们观众带来视觉上的冲击，也使每位观众感受到心灵的震撼。

《伟大的世界文明》在中国的成功举办，不仅是国际博物馆之间合作的一个新创举，也为国际博物馆的合作创建了新的模式，这种模式超越了地区的差异、国别的差异、博物馆收藏的差异、展览内容多元的差异，开启了国际博物馆互相合作办展的新篇章。这种成功的合作必将增加和提高中国观众对世界文明艺术的了解和研究兴趣，同时为今后国际博物馆向更高层次的合作发展提供经验。

在此，我要衷心感谢为《伟大的世界文明》提供展品的：美国的大都会艺术博物馆、费城艺术博物馆、宾夕法尼亚大学考古与人类学博物馆、宝尔文化艺术博物馆；意大利的都灵埃及博物馆、梅塔朋托国家考古博物馆、卡拉布利亚国家博物馆、塔拉托国家考古博物馆、朱利亚别墅博物馆、帕埃斯通国家考古博物馆、庞贝考古博物馆、罗马国家博物馆、国立东方艺术博物馆、那不勒斯国家考古博物馆，感谢他们给予我们的真诚支持和慷慨帮助，感谢意大利文化遗产和活动部对我们的无私援助，感谢意大利设计师布连先生和 n! studio 设计公司不同凡响的展览设计，感谢世界艺术馆的全体员工们为展览付出的辛勤劳动，感谢文化部、国家文物局、北京市政府对世界艺术馆的大力支持，感谢所有支持和帮助过世界艺术馆的各界朋友们！

中华世纪坛世界艺术馆将一如既往地以引进世界文明艺术，促进中外文化交流，普及艺术教育，服务大众需求为已任，开拓进取，扩大国际合作，为中国的观众奉献出更多更好的世界文明艺术展。

谢谢！

中华世纪坛世界艺术馆馆长

王立梅

2006 年 8 月

序　言

中华世纪坛世界艺术馆主办的《伟大的世界文明》是我国文化界值得庆贺的一件大事。

世界文明源远流长，犹如长江大河，波澜壮阔，奔腾向前，汇入大海。自从人类进入文明社会以来，至少已经历了好几千年的历史风云。世界文明又像是一个繁密茂盛的百花园，各个时代、各地区、各民族所创造的文明色彩缤纷，千姿百态，如各种艳丽的花朵，竞相开放，争奇斗妍，使漫长的历史显得如此丰富多彩。人类的现代生活并不是无源之水，而是古代生活的延续和发展；历史也不是已经永远消逝的僵死的存在，而是依然活在当代的现实之中。人类昨天的文明是我们今天的文明的根，只有理解了人类的昨天，才能更好地把握住人类的今天，并更自觉地去展望和创造人类的明天。这正是举办这次《伟大的世界文明》的重大意义所在。

《伟大的世界文明》内容包括美索不达米亚、埃及、印度、美洲、希腊和罗马文明六个部分，可以说基本上覆盖了中华文明以外的古代文明世界的主要地区。通过实物陈列，集中地展示一些具有一定代表性的珍贵的历史文物，使我国广大观众能有机会亲自观赏到世界其他文明所创造的文化瑰宝，从而加深对博大宽广的世界文明及其创造的光辉灿烂的文化的理解和认识，提高自身的历史文化修养和鉴赏能力。所以，《伟大的世界文明》本身就是对广大群众进行普及历史文化教育的一部生动的教材。它可以帮助人们开阔眼界，面向世界，认识世界，丰富自己的历史文化知识，提升自己的精神境界。历史文化教育是有中国特色社会主义文化建设不可缺少的组成部分之一，它的作用和功能是一般科学文化教育所不能替代的。

看了《伟大的世界文明》展，首先得到的深刻印象是世界文明和文化的多样性。纵观人类历史，自古至今，世界上出现的各种文明和文化虽然都是人类的创造，在满足人的基本需要和表达源自人性深处的思想感情方面有其共性，但在表现的方式上却各有其特殊性，呈现出丰富多样的不同面貌和相互间的差异。以文字为例，文字是人类从野蛮走向文明的最重要的标志之一，又是信息储存和文化传播的重要工具，文字的产生需要具备一定的条件，是社会发展到一定阶段的结果，文字从开始出现到逐渐完善要经历一个过程，这对于各种文明来说都是大致相同的。但是，各种文明所创造出来的各种文字体系，如美索不达米亚的楔形文字、古埃及的象形文字、中国的甲骨文、古希腊的拼音文字、印度的梵文以至美洲阿兹特克文明和玛雅文明使用的文字，它们之间的差别又是何等巨大。因此，文明的共性和文明的特殊性、多样性并不是截然对立的，而是辩证地统一的，其共性即寓于特殊性和多样性之中。有人认为，我们今天生活在全球化的时代，随着经济全球化趋势的加速进行，将会出现统一的所谓〝全球文明〞，世界文化也将朝着〝趋同〞的方向发展，文化的多样性将逐渐消失。这是一种严重的误解。实际情况恰恰相反，经济全球化和科技迅猛发展虽然把世界各部分联成一体，大大加强了各国和各地区人民之间的联系和交流，可是这不仅没有消灭各种文明和文化之间的差别，反而使它们获得新的活力而日益朝着多元化的方向发展。假如世界上原有的各种文明果真像那些人所设想的那样由实质上以西方文明为主导的所谓〝全球文明〞所代替，那么世界不是变得过于简单划一、平淡乏味了吗？

现在，不同文明的存在和多元文化已越来越得到国际社会的普遍认同和充分肯定。1998 年联合国大会通过决议，确认世界上各种不同文明的存在，并把 2001 年定为〝各种文明之间对话年〞，提出要加强不同文明之间的对话和交流，保持文化的多元性。2001 年，联合国教科文组织大会一致通过了关于《世界文化多样性宣言》，把文化多样性提升到〝人类共同遗产〞的高度来认识，明确指出：〝正如生物多样性对自然界来说是必需的一样，文化的多样性对人类也是必需的〞。《宣言》强调要对文化多样性大力加以保护，同时认为不应把文化多样性看作固定不变的遗产，而应把它看作一笔有生命力的、可以不断更新的财富，把它看作可以保证人类生存的一个过程。我以为，这次举办的《伟大的世界文明》很好地体现了联合国和国际社会所倡导的精神，把世界古代六大文明的一些历史文物一起陈列展出，这本身就是某种形式的不同文明间的对话，同时也是世界文化多样性的展示。我们可以从这些〝人类共同遗产〞中汲取新的启示和灵感，以丰富和扩展我们的想象力和创造力，对创造今天的文明做出贡献。

《伟大的世界文明》告诉我们，世界上各个文明都是特定的人群在不同的自然环境和具体历史条件下活动的创造物，都有其自身产生和发展的演变过程，又各自具有特殊性。例如起源于尼罗河流域的古埃及文明、产生于两河流域的美索不达米亚文明、诞生于爱琴海域的古希腊文明、发轫于印度河与恒河的印度文明以及在美洲不同地区出现的阿兹特克文明、玛雅文明和印卡文明等等，由于地理生态环境、物质生产、国家和社会制度、种族、宗教信仰、文化、价值观念和生活方式、风俗习惯各不相同，文明的发展也走上了不同的道路。但是，它们在不同历史时期所创造的那些伟大的文明成果，如埃及的吉萨金字塔和卢克索神庙、巴比伦的"汉穆拉比法典"，古希腊的雅典娜神庙和柏拉图与亚里士多德的哲学，古罗马的气势恢宏的公共建筑和罗马法、印度的《奥义书》和阿旃陀石窟，墨西哥的太阳金字塔以及其他许多物质文明和精神文明的杰作，都是对人类文明作出的宝贵贡献，理应得到同样的尊重和承认。在历史上，每一种文明都有过它的辉煌时期和重大成就，各有其优缺点，在不同的历史时期起着不同的历史作用，由于种种原因，有的文明后来衰落了，这是合乎辩证发展规律的现象，并不意味着文明本身天生有优劣之分。过去长期以来在西方国家的历史研究和文明研究中一直占统治地位的所谓"欧洲中心论"的观点，把西方文明说成天生优越，高人一等，并以西方文明的价值观和标准去评判别的文明，甚至主张以西方文明去一统天下。历史事实却充分证明，这种观点是没有根据的。远在西方文明兴起之前，其他邻近地区如埃及和两河流域就早已达到了高度的文明并创造了许多光辉业绩，已载入了史册，而西方文明的成长就得益于其他文明的哺育。无论是在天文、数学、医学、建筑、雕刻，或甚至是在神话、宗教信仰方面，古希腊人都从其他文明中吸取了丰富的营养，作为西方文明源头的希腊文明就是这样发展起来的。

这一历史事实也说明在不同的文明之间需要有经常的对话和交流，乃至相互吸收和交融。文明并不是与世隔绝的、孤立自在和自我封闭的东西，它需要与外部世界交往，通过与其他文明的对话、接触和交流，从外界不断获得营养，取得新的活力，焕发新的生机，才能发展壮大。一旦把自己封闭起来，断绝与其他文明世界的联系和往来，就会失去不断创新和前进的动力，变得保守僵化而走向衰落。有人宣扬所谓"文明冲突论"，片面地强调和夸大不同文明之间的差别和不可避免的矛盾冲突，把文明说成互相无法沟通的对立的封闭系统，这也是违背文明发展的历史事实的。从世界文明发展的整个过程来看，不同文明之间的矛盾和碰撞虽然经常发生，但并不一定会导致不可调和的冲突，使一方消灭另一方。希腊人征服了埃及，建立托勒密王朝，并没有消灭埃及文明，而是对它注入了希腊文明的因素，形成了东西方文明的交融。希腊人和波斯人入侵印度，也没有使印度文明遭到毁灭，而只是给它带来了新的文明的冲击。当然，历史上曾有过在激烈的冲突中文明遗产被大量毁灭的事例，对人类文明造成无法挽回的损失，但这种冲突往往不是由于文明之间的差异所引起，而主要是由于背后的物质利益的推动。一般说来，各个不同文明之间的和平共存、相互影响、相互渗透、交融互变，才是世界文明发展的常态和主流。因此，开展不同文明间的对话和交流，不仅是为了促进各国、各地区人民之间的相互理解，维护世界和平，而且对世界文明本身的发展来说也是十分必要的。

世界文明整体的发展，在很大程度上有赖于不同的文明之间保持良性的互动关系。法国著名历史学家布罗代尔指出，文明既有能动性，能够不断演变，又具有稳定的不变性。文明的本质特征之一就是相互传播和借用，既把自己的东西向外输出，又要借用和吸收其他文明的东西，但这种借用是有选择的行为，即只借用对自己有用的东西；同时，文明又有"拒绝借用"的特性，即拒绝对自己不适用的东西，以保持自己的独特性和稳定性。这种看法是很有见地的。不同文明间的对话和交流首先要注意保持各自的主体意识，对其他文明决不能一切照抄照搬，而要根据自身的需要去借鉴和吸收其他文明的优秀成果，以丰富和发展自己的文明。当前，世界很不太平，更应在和平共处的基础上促进不同文明间的对话，加深相互理解，平等相待，互相宽容，共谋发展，彼此取长补短，使我们这个世界更加绚丽多彩。正如江泽民同志在联合国千年首脑会议上所说："世界是丰富多彩的。如同宇宙间不能只有一种色彩一样，世界上也不能只有一种文明、一种社会制度、一种发展模式、一种价值观念。各个国家、各个民族都为人类文明的发展作出了贡献。应充分尊重不同民族、不同宗教、不同文明的多样性。世界发展的活力恰恰在于这种多样性的共存。应本着平等、民主的精神，推动各种文明相互交流、相互借鉴，以求共同进步。"

应该指出，举办这次《伟大的世界文明》展，帮助人们增进对世界文明的认识，归根到底还是为了给有中国特色的社会主义文明建设添砖加瓦。我们不仅要了解中华文明在历史上的一切光辉成就，而且也要了解世界上其他各种文明发生和发展的情况，这样才能进行比较研究，通过对话和交流充分吸收和借鉴世界文明的一切积极成果。当然，世界文明如浩瀚的大海，展出的文物只不过是海滩上经浪花冲洗过的一些贝壳而已，如果真的想了解大海中蕴藏着哪些宝藏，那就请深入到大海中去探索吧！

中国社会科学院教授

汝信

2006 年 8 月

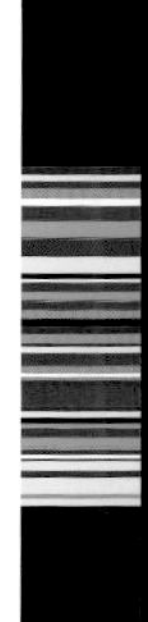

古罗马历史介绍

我们可以先从追溯罗马的地理位置开始,罗马位于意大利中部的台伯河下游地区。

公元前1000年初期,意大利半岛处于一个多民族、多元文化交织的时期。罗马人所属的拉丁族就是〝古意大利人〞中的一支(〝古意大利人〞还包括萨宾人、翁布里亚人和萨莫奈特人)。大概在1000年以前的铜器时代,他们穿越北部和东部的阿尔卑斯山和亚得里亚海到达意大利。起初他们过着游牧生活,抵达意大利之后,形成了以农耕为基础的生活方式,也成为随后几个世纪其子孙后代的主要生活方式,直至罗马文明的衰落。

公元前9世纪和公元前8世纪,意大利半岛上出现了两个新民族:埃特鲁斯坎人和希腊人。埃特鲁斯坎人的语言不属于印欧语系,最早定居在托斯卡纳和北部的拉丁姆地区。在公元前2000年间的迈锡尼文明时期,希腊人在意大利南部和中部沿海地带纵横航行,他们建立了新的贸易基地,并在公元前8世纪使殖民地得到全面发展。他们最初在意大利的匹兹库萨 (在那不勒斯湾的伊斯基尔岛)建立殖民地,之后又把势力稍微地向北推进到西西里岛的库米大陆以及意大利南部沿海地区。随着与希腊人的接触,埃特鲁斯坎人很快变得更加成熟起来,他们根据希腊文字创造了字母,形成了自己的雕塑及绘画风格,发展了以拟人神祇为基础的宗教信仰,并精心制定了一套占卜未来的仪式。所有这些后来都被罗马人继承了下来。

罗马城市建立的日期并不确定,传统认为是在公元前753年,这已经广泛地为考古发现所证实,尽管可能此前已经有一部分人早就居住在那里。传统上,罗马人把罗马城的建立归功于英雄罗穆卢斯。他和他的孪生兄弟瑞摩斯是英雄埃涅阿斯的后代。埃涅阿斯是希腊女神阿芙罗蒂德(罗马神话中称维纳斯)的儿子,他在希腊人占领特洛伊城之后来到意大利。这对孪生兄弟是具有皇室血统的贞女雷娅·西尔维娅(贞女是不准生育的)与战神马尔斯的孩子。当这对双胞胎被遗弃在台伯河畔时,一只母狼哺育了他们,后来又被一位牧羊人发现,将他们抚养大。长大后,这对孪生兄弟成了绿林首领。后来,孪生兄弟身世大白,他们在被牧羊人发现的地方创建了自己的城市。在决定谁来做城市的主宰时,神谕告诉他们要由看到的预示成功的飞鸟来决定。结果兄弟间发生了争吵,罗穆卢斯最终杀死瑞摩斯,成为新城的国王,并统治了很长时期,他死后被接纳到诸神中,成为受人尊敬的战神奎里纳斯。

从公元前8世纪到公元前6世纪末期,罗马历经七任皇帝。在罗马发展成为城市的过程中,罗马人仿效了其邻近的埃特鲁斯坎文明。罗马公民由贵族和平民两部分组成:贵族是整个社会中最富有的成员,他们控制着大部分的贸易、行政管理和军队,而且只有他们才能够进入元老院或被任命和选举为官员;平民主要是小农场主、劳动者和手工艺者,他们占人口的大部分,在政府中却几乎没有发表意见的机会。

在王政时代,罗马极大地扩大了对周边领土的控制。公元前6世纪中叶,北方强大的埃特鲁斯坎人攫取了罗马的政权。公元前509年,拉丁贵族推翻了他们的统治,也彻底摒弃了君主政治,建立了共和政体。

在持续5个世纪的共和国时代,罗马由元老院和公民大会统治。执政官执掌最高权力,由推举出来的两名贵族担当,一年选举一次。他们行使最高权力,创建立法,充任大司法官和军事首脑及大祭司长,与罗马王政时代的国王一样拥有绝对的统治权力。不过,他们的权力受到非常严格的限制:他们只执政一年,以后供职于元老院;他们是两人执政,任何一名执政官都可以凭借简单的否决有效地阻止对方的行动或决定。在两名执政官之下是两名财务官员,称为度支官。随着共和国的发展,还出现了被称为普雷艾特的官员。它起初是司法官,后来成为军队长官。另外,根据财富和纳税额来划分公民等级的工作,原是执政官的职责,最终由两名被称为监察员的新官员来承担。

在新的政体下,贵族和平民这两个阶级之间经常因争夺权力发生严重的冲突。公元前450年,罗马制定《十二铜表法》,就试图平息这两个阶级间的斗争。公元前445年,平民获得了与贵族联姻的权力;公元前367年,平民获得了当选为执政官的权力,随后又获得了进入元老院的权力。公元前300年,平民获准参加所有等级的祭祀活动,这使得他们在宗教事务上与贵族享有同等的地位。公元前287年,平民大会的立法和决定被认定对所有罗马公民都有约束力,这是平民最后在权力和影响上取得的最大胜利。

在改革政治的同时，罗马人建立起领土霸权。起初，共和国的战争大多是防御性的，但不久罗马人就开始控制周边领土来消弭遭受进攻的威胁。公元前 5 世纪 — 前 4 世纪期间，罗马人逐步占领了所有拉丁人和埃特鲁斯坎人的领土。与此同时，他们受到了高卢人的挑战。这些高卢人系凯尔特人的一支游牧民族，他们侵入意大利半岛，在公元前 387 年占领罗马城，将其夷为平地。公元前 295 年，罗马卷入了与居住在亚平宁山脉的萨莫奈特人的战争，残余的埃特鲁斯坎人的城市、高卢人部落和一些反叛的意大利人的城市也加入到这场战争中。战争的结果是罗马在公元前 280 年控制了意大利中部。随后，罗马人继续南下征服了南部的希腊城市，在公元前 265 年控制了整个意大利半岛。

当罗马在意大利半岛扩张时，位于非洲北部由腓尼基人建立的迦太基，拥有当时地中海地区最强大的海上力量，他们控制了从西部利比亚到直布罗陀海峡沿岸和西班牙南部的大部以及科西嘉岛、撒丁岛。当时迦太基控制了地中海地区所有的商业贸易，很多民族屈从隶属于它，向它提供士兵和给养，而它从西班牙金矿和银矿开采中聚敛了大量的财富。

公元前 3 世纪，当罗马的势力到达意大利南端与迦太基人在西西里岛的领土接壤时，这两大强国有了接触。公元前 264 年，罗马与迦太基间的第一次布匿战争爆发，这是罗马人第一次在海上取得胜利。公元前 241 年，迦太基人和罗马人签署条约，他们不得不放弃西西里岛。公元前 218 年，罗马联军攻占了西班牙城市萨贡图姆，引发了第二次布匿战争。驻防西班牙的迦太基军队在年轻统帅汉尼拔的率领下穿越阿尔卑斯山进入意大利，在意大利北部和中部打败了遭遇的罗马军队。汉尼拔军队在公元前216年到达意大利南部的坎尼，罗马军队全部被歼灭，这是罗马从未有过的惨败。但汉尼拔也没有足够的兵力去围攻类似罗马这样的城市。由于殖民地总督普布利乌斯 · 科内利乌斯 · 西庇阿的英明战略，罗马人重新占领了西班牙。公元前 204 年，西庇阿穿越非洲。公元前 202 年，在非洲北部的扎马，汉尼拔第一次被西庇阿及其军队击败。罗马将迦太基变成了一个属国（迦太基城于公元前 146 年最终被毁灭），从而控制了包括非洲北部的整个地中海西部。

由于马其顿国王菲利普五世与汉尼拔结盟，罗马发动了征服菲利普随后征服其他希腊王国（叙利亚、帕加马和埃及）的战争，而这些国家都属于亚历山大大帝在公元前 4 世纪末开拓的帝国。经过这样一系列的战争，罗马统治了已知的世界。

在征服意大利半岛的过程中，罗马人精于管理被征服的领土，他们使用了开明与独裁相结合的政策。他们通常并不破坏被征服的城市，而是给与他们一定的权利。一些城市，几乎全部被授予罗马公民权。还有一些城市则结成同盟。不过，所有的城市都要向罗马缴税并派遣军队。另外，罗马士兵驻扎在部分被征服的地方，其军费由当地支付。通过这种方式，罗马在被征服的每个地区都保持了一个永久的军事基地。为联系这些基地，罗马人开始了大型筑路工程，他们修筑的道路质量也是一流的。汉尼拔战争后，罗马对同盟和隶属国开始实行霸权统治。与此同时，罗马社会本身也发生了变化。强加给战败国家的赋税和来自被占领城市的战利品，充溢于罗马的国库。在个人生活中，以传统农耕为基础的避免铺张浪费的价值观和道德观，经历着剧烈的变化，人们效仿古希腊时期，把奢华和美好当作地位的象征。到公元前 2 世纪中叶，罗马人已经清楚地意识到，帝国是一架巨大的造钱机器，创建帝国是一件极其划算的事情。

战争造成了巨大的财富不均。罗马城内的财富堆积如山，而成千上万依赖农耕为生的平民，其土地和房屋却被战争损毁。原本富有的人们又发了战争财，变得更加富有，他们把土地全部买下来，以至于到公元前 2 世纪中叶，大庄园在罗马农业中居统治地位。这些大庄园为暴富的土地所有者拥有，由战争后被带回意大利的无数新奴隶来耕种。大量的无业游民涌向城市，大批贫穷、不满和愤怒的罗马自由人就集中在罗马城中。这种情形终于引发了内战。在以后的几十年里，罗马平民和富豪之间的冲突仍连续不断，主要表现为罗马统帅们之间的对立，比如盖尤斯 · 马略、科内利乌斯 · 苏拉、克拉苏、庞贝及盖尤斯 · 尤利乌斯 · 凯撒。凯撒（公元前 100– 前 44 年）被元老院任命为终身独裁者，授予统治罗马国家的绝对权力，在需要时可以不受法律和宪法的约束。很快地，他集国家各种要职于一身。一些以罗马共和国为荣的罗马贵族，对他的权力极为愤恨不平。公元前 44 年 3 月 15 日，以盖尤斯 · 卡修斯 · 隆吉努斯和马库斯 · 朱尼乌斯 · 布鲁图为首的一群阴谋家，刺杀了凯撒。

在另外一场长达十三年的残酷内战中，凯撒的追随者们建立了"后三头政治"，他们与那些阴谋反叛者斗争并在希腊菲力皮获胜。"后三头政治"由凯撒收养的侄子马可 · 屋大维（自称卡尤斯 · 尤利乌斯 · 凯撒 · 屋大维）以及凯撒的部下马可 · 安东尼和马可 · 艾米利乌斯 · 雷必达组成。然而得到元老院支持的屋大维不久就与得到埃及女王克莉奥帕特拉支持的马可 · 安东尼发生了分裂。双方的战争于公元前 31 年结束，安东尼和埃及女王克莉奥帕特拉在海战中失败，两人于次年在亚历山大城自杀。战争的结束也标志着罗马共和国的灭亡。

屋大维夺取了凯撒曾经拥有的所有权力，只是在形式上没有作任何关于共和国制度的改变。他确定自己为绝对的统治者，最初他自称为"元首"（罗马的首席公民），后来称为"奥古斯都"。在遗言中，他自诩完成了恢复帝国和平与秩序的使命。他把士兵重新安置在农田里，他将罗马军队由志愿军变成了常备队。这些军队遍及帝国大地，他们把罗马语言和罗马文化传播到欧洲和地中海地区。最后，奥古斯都开始了一个巨大的建筑计划，并充任艺术的保护人，从而使罗马文化达到前所未有的鼎盛。杰出的作家得到元首本人和其助手梅塞内斯的资助，这些人包括著名的维吉尔（公元前 70– 前 19 年）、贺拉斯（公元前 65 年 – 前 8 年）和奥维德（公元前 43 年 – 公元 18 年）。他们在意识形态上进一步推动了奥古斯都的政治，其中维吉尔创作的罗马文学巨著《埃涅阿斯纪》是关于英雄埃涅阿斯创建罗马文明的史诗。奥古斯都还以赞助文学的热情同样慷慨赞助艺术和雕塑。他实施了许多大型建筑项目，把泥砖的罗马变成了大理石的罗马。

公元 14 年奥古斯都死后， 罗马经历了一系列的深刻变革。到图拉真时代（公元 98 年 –117 年），罗马统治了北非更多的领土、不列颠的大部分、德国的局部、东欧濒临黑海地区，以及美索不达米亚和阿拉伯半岛的北部地区，帝国变得更加强大。

奥古斯都宣称自己为"罗马的首席公民"，他的继任者们则揭掉了虚伪的面纱，直接称自己为"凯撒"，用以表明他们的皇族血统。奥古斯都死后，罗马的政体更像君主制。尽管奥古斯都是由元老院选举出来的做法依旧保持着，但事实上掌权的皇帝在死前就选好了自己的继承人。第一个罗马王朝的皇帝全都是凯撒的子孙。奥古斯都的继承者是提比略（公元 14–37 年在位），其后的继承者是盖尤斯，史称卡利古拉（公元 37–41 年在位），其后是克劳狄（公元 41–54 年在位）和尼禄（公元 54–68 年在位）。在尼禄皇帝统治时期，罗马人开始迫害并处死传自东方的新的神秘宗教——基督教的成员。基督教的创始人是一个犹太人传教士－拿撒勒的耶稣，他生活在奥古斯都和提比略统治时期，后被罗马人处死，另外两名创始人传教士彼得和保罗也被处死。后者用毕生的心血将基督教从一个犹太人的信仰转变成为希腊和罗马人可以接受的宗教。

公元 68 年，驻扎在高卢的军队发动暴乱，尼禄被赶下台。次年，至少有四位皇帝登基，但将军提图斯 · 弗拉维 · 韦斯巴芗（公元 69—79 年在位）成功地获得了长久的统治，创立自己的弗拉维王朝。在他之后，他的儿子提图斯（公元 79—81 年在位）继位，之后是图密善（公元 81—96 年在位）。

后世罗马史学家称道的五个好皇帝时期开始了。这五个皇帝是：涅尔瓦（公元 96—98 年）、图拉真（公元 98—117 年）、哈德良（公元 117—138 年）、安东尼 · 庇护（公元 138—161 年）以及马可 · 奥里略（公元 161—180 年）。政权顺利地从一位皇帝传递到另一位皇帝手中，而且每一位皇帝都由前任选出和收养，并得到元老院的首肯。这个时期是奥古斯都之后罗马帝国统治最稳定的时期。当马可 · 奥里略选择自己的儿子康茂德（公元 180—192 年）作为继承人时，这一局面才宣告终结。康茂德被证明是残暴的而且是不称职的皇帝。他公然挑衅元老院。公元 192 年，他被宫廷侍卫谋杀。

在这一时期，罗马的文化、政治和法律得到广泛的传播。罗马人在帝国范围内（尤其在那些还没有城市文化的地区）积极建设大型城市居住区，并赋予这些城市与罗马人同样的权力。上层阶级统治着这些城市，他们因此更加效忠于皇帝。帝国成为罗马官僚控制下的惟一中央集权政府。在文化方面，这一时期与奥古斯都时期同样具有创造力。尼禄时期，生活着罗马历史上最伟大的哲学家塞内加（公元前 4 年－公元 65 年），他信奉古希腊斯多葛派的学说。一个世纪以后，皇帝马可 · 奥里略本人也是一位斯多葛派的哲学家。讽刺诗人尤维纳利斯（公元 60—140 年）和佩尔西乌斯通过发掘日常生活问题、城市堕落和人口膨胀问题，创作出反映罗马文化中道德败坏的讽刺诗篇。塔西佗（公元 55—117 年）则可能是最伟大的罗马历史学家。

在这一时期，与东方的贸易达到了前所未有的兴盛，其贸易通道主要为“丝绸之路”。这条商路沿用了几个世纪，从地中海沿岸延伸到大夏直至中国。公元前 1 世纪，老普林尼在其《自然史》中抱怨，每年与印度、阿拉伯和中国（塞里斯国）的贸易要花费至少一亿塞斯特斯（古罗马的货币单位）。中国《后汉书》记载，公元 166 年罗马皇帝安敦（即马可 · 奥里略 · 安东尼）派遣使臣到达中国境内。根据一段史料记载，罗马人一直想直接与中国人贸易，但为安息（帕提亚人）所阻，因为安息人要保持自己在丝绸贸易上的垄断地位。这段记述为丝绸之路上的考古发现所证实。这些考古发现包括在楼兰和河南发现的埃及衣物和罗马玻璃器，在远东的其他考古发现也间接证明了这点，如在越南南部俄厄发现的马可 · 奥里略时期和安东尼 · 庇护时期的罗马硬币以及同时出土的一面中国汉代晚期铜镜和各种印度文物。

在这一时期，罗马进行了最大规模的建筑活动，其中包括营建罗马的万神殿（哈德良建造）和科洛赛姆（韦斯巴芗建造），后者即罗马圆形大剧场，供角斗士比赛，可容纳 6 万名观众。所有伟大的工程都建造于这一时期，包括大规模的引水系统：罗马城本身有 11 条引水渠，可将 3 亿加仑水从周边的山区输送到城市中。在医药方面，罗马人在公元 1—2 世纪取得了显著的进步。盖伦可能是古代世界最伟大的一位医学家，他生活在 2 世纪末，动脉血液循环是其最重要的发现。

马可 · 奥里略死后，罗马帝国面临着危机。在东方，一个新的帝国萨珊王朝在伊朗兴起，并企图重塑昔日波斯王朝的辉煌。在北方，日耳曼部族开始成群结伙地迁徙并穿过边境。与此同时，帝国内部也陷入混乱状态。罗马将军塞普蒂默斯 · 塞维鲁（公元 193—211 年）攫取了政权。他提高税收的政策毁灭了经济，在元老院中他安插军人的做法戏剧性地改变了元老院的特征。他建立了严格的等级制度，使罗马社会阶层间的流动变得毫无可能。罗马经历了长达半个世纪的“军营皇帝”时期，这也是罗马历史上灾难最为沉重的时期。内政完全陷入混乱，经济彻底崩溃，雇佣外国军队。直到戴克里先执政，罗马的政治和稳定才得以恢复和重建。

这一时期的社会危机和动荡，极大地改变了罗马人的宗教和哲学信仰。领土沦丧所造成的恐慌和经济的萧条促使人民去追寻神秘的宗教和哲学信仰。就是在这个世纪，东方的宗教特别是基督教，在罗马真正落地生根。对来世的承诺、对个人及精神的注重以及对现实世界痛苦的解释，使得基督教在这个即将崩溃的世界里给人以强大的生存的希冀。在来自东方的其他宗教中，起源于波斯拜火教的密特拉教，也有对理想的来世和现实痛苦的解释，与基督教一样受到欢迎。基督教－拜火教等几个派别得到了迅速发展，这其中就包括诺斯替教和摩尼教。在哲学文化方面，除罗马的实用哲学外，著名的斯多葛哲学、新东方哲学和希腊哲学逐步形成。新柏拉图派哲学是其中最重要、最有影响的，由柏罗丁在公元 1 世纪时创建。

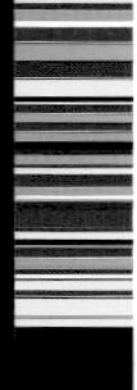

罗马帝国最后一个阶段始于戴克里先（公元 284—305 年）。作为一个性格坚强和讲求实际的士兵，他认为帝国太大，难以用一个中央机构管理，决定将其一分为二（东罗马和西罗马），分别由两个奥古斯都管理。西半部政府所在地在罗马；东半部以土耳其的尼科米底为中心。戴克里先首次将权力东移，在土耳其的尼科米底进行统治。在两个奥古斯都之下，各设两个官员叫做凯撒，负责管理事务并在皇帝去世后掌权。戴克里先吸收了东方的君主制思想，给自己冠以“君主˝的头衔。

戴克里先的继承者君士坦丁（公元 306–337 年），最初只统治帝国的西半部，公元 324 年，他再次将帝国合二为一。同时，他在自己的城市君士坦丁堡建都，该城原是古罗马城市拜占庭，现在称伊斯坦布尔。他宣布帝国的统治为世系制。他是第一个皈依基督教的皇帝，这促使基督教信仰在帝国的东部广泛流行。基督教转变为一个国教，用以服从君王利益。相应地，君士坦丁于公元 325 年在尼西亚召集了一个基督教主教大会，确立了基督教的正统地位。他的继任者尤里安反对基督教，宣布开除政府中所有基督教信徒并恢复传统的宗教信仰，但他的各种举措并未产生真正的效果。

公元 4 世纪，罗马进入政权更替和内乱频繁的历史时期。公元 4 世纪末，狄奥多西（公元 379–395 年）掌权，罗马重新统一在一位皇帝之下。狄奥多西宣布基督教为整个罗马的国教，所有其它宗教为异教。公元 410 年，日耳曼的一个部族西哥特人迫于匈奴人的追逐迁徙至意大利北部，后来占领并洗劫了罗马。从公元 451 到 453 年，罗马土地被匈奴首领统治。公元 455 年，又一蛮族汪达尔人占领了罗马。公元 476 年，奥多亚克废除罗马皇帝后自立为帝，权力从罗马人手中转移到蛮族军事首领手中，中世纪由此开始。

罗马文化为西部的欧洲部族和东部的拜占庭人所继承，他们使古罗马和古希腊的政治模式、社会结构、艺术和思想得到了不朽的延续。

在所有古罗马城市中，群众活动、政治活动和宗教活动的中心都是古罗马广场。这是一块四方形的广阔空间，如同一个巨大的现代广场。它位于居民区的中心，通常在一座城市两条主干道的交汇处。而古罗马城市的规模大小则由当地居民数量决定。古罗马广场周围有围廊，广场正对着用于宗教祭礼的建筑以及与民众日常生活息息相关的建筑——比如说法院、市场等。

因此，古罗马广场成为了典型的公共场所。随着城市的扩大，它作为中央权力的具体标志，也不断地进行着扩大和装饰。因此，当罗马成为一个包裹了地中海，地盘从西班牙延伸到小亚细亚的巨大帝国的首都时，帝国的皇帝们，特别是公元 1 世纪时期的几位皇帝，从奥古斯都到图拉真都在罗马建设了新的广场。它们全都经过奢华的装饰，富丽堂皇，使得罗马的广场在所有皇家广场中都显得耀眼璀璨。

比如说庞贝广场，它是目前保留最为完好的古广场之一。它的规模是 142 X 38 米，长度很大，地面铺有石灰板，周围有围廊，在奥古斯都时代这些围廊替换了原来古老的宗教建筑。在广场北部的高台上修建了三位保护神——宙斯、海神和智慧女神的庙宇，毗邻的一边还修建了阿波罗神庙。神庙对面，在一些宗教祭礼的建筑旁边是所谓的埃乌马齐亚（Eumachia）建筑，它很可能是一个集市。广场南部是城市的行政机关，在行政机关旁边是大教堂，用于宣扬正义。在广场上放置了许多石像，用于纪念在市民生活中涌现出的杰出人物，而至今依然可见的基座证实了当年石像的存在。

一些庞贝古画里记录了不同市场上小贩用的桌子以及手工艺品，借此我们可以想象一下广场上当时熙熙攘攘的人流，丰富多彩的人生。

每一座古罗马城市，即使是最小的城市，在帝国时代都拥有专用于特定演出的建筑：剧院、露天竞技场、竞技场和露天运动场。这些演出原本是宗教仪式的一部分，后来则变成了越来越精致的表演。剧院专门用于舞台表演，通常由半圆形建筑构成，有专门为观众准备的阶梯座位，座位前面是为表演准备的空间，舞台在底部。这样的建筑造型在帝国时代已经相当完整复杂。此外还有壁龛，里面陈列着用于装饰的雕像。在古罗马，第一批筑墙剧院建于坎帕尼亚大区。而在罗马还有更古老的由木头修建的剧院（最古老的是公元前 55 年修建的马赛罗剧院）。座位的分配按照社会阶级顺序：长官、权贵以及重要人物预留了低层前排的座位，比较靠近舞台；而民众只能坐在高层的座位。无论在罗马还是古罗马帝国的其它城市，组织演出是当地官员的工作，他们有义务每年都组织演出，开支大小则由其管辖城市的重要程度决定。不单是剧场演出，所有演出的时刻表都会写在居民建筑的外墙，保证及时通知到所有市民。

演员都是奴隶或是获得自由的奴隶，表演时脸上都戴着由轻质材料（木头或带装饰的粗布）制成的面具，这些面具都按照嘴型留有巨大的开口，这样起到扩音的作用。面具有两种基本类型：悲剧人物的面具和喜剧人物的面具。虽然不同悲剧人物的面具还有特定的区别，但它们具有相同特点：前额处头发留得很高。奴隶们通过涂着红色和灰色的面具表现自己，如同展出的庞贝壁画中的年轻演员一般。

另一项在古罗马广为流传的表演就是马车比赛。这项比赛在竞技场里举行。竞技场是椭圆形，竞技场内踏平的地面上有很长的赛道，沿着赛道是阶梯形座位。最大的竞技场在罗马，一共有二十万个座位，从公元 2 世纪起它就是举行此项表演最豪华的场地。

但是，在所有的节目中，最受古罗马人欢迎的还是角斗士的决斗和露天竞技场内举行的比赛。露天竞技场起源于古意大利，呈椭圆形，与剧院不同的是，它允许观众坐在周围所有的阶梯座位上，从各个角度观看比赛，就像现代的运动场一样。古罗马最显赫的露天竞技场，同时毫无疑问也是世界上最知名的露天竞技场正是大名鼎鼎的罗马斗兽场，在公元 80 年由皇帝外斯帕希亚诺亲自为它举行了落成仪式。但最古老的露天竞技场却是庞贝竞技场，它于公元前 80 年完工，比罗马斗兽场早了一个世纪。

角斗士决斗已开始出现在公元前 4 世纪的坎帕尼亚大区，当时仅仅在葬礼仪式上举行。在之后的数个世纪中，角斗士决斗被引入罗马，失去了原本的特点，直到变成彻彻底底的独立比赛。角斗士通常是战争中的俘虏、奴隶或者死刑犯，也有被名利所吸引的自由人。角斗士有复杂的组织，他们按照指定的格斗方式分为不同等级，并配上必须的装备。很多古罗马时期保留下的证据（镶嵌画、壁画、雕像）显示，角斗士穿着由一条大腰带裹成的束腰，头盔完全包裹住头部，头盔上大块的金属片用于保护脖子，一只手臂由巨大的金属护甲覆盖，厚重的皮制绑腿和金属绑腿由细绳固定，覆盖了腿部。角斗士们在营房里居住和训练。在罗马，主营房修建在斗兽场旁边，与斗兽场直接相连。只要城市里有露天竞技场，就一定会有这样的营房。在庞贝复原了大量的角斗士兵器，很多当时的真兵器都经过大量加工，这些兵器是接受检阅时和正式仪式时的装备。就像剧场里的演出一样，宣布比赛时间地点的通知写在居民建筑的墙上。

对于古罗马市民而言，光顾公共浴池是日常生活中非常重要的一部分，不仅仅是出于对身体的卫生保健，这里也是会面和娱乐的场所，也可以谈论关于政治或是文化的重要议题。此习惯在帝国时期更加流行：不仅仅是在拥有很多公共浴池设施的罗马，洗浴在各省的小城市也十分普遍。在公共浴池里还设置了不同的房间，人们可以从有利于身体解毒的蒸汽浴房间中来到温水池、热水池以及冷水池。健身房空间宽广，门口有柱廊——柱廊是公共浴池的必备元素，在健身房里人们可以在洗浴前做健身操，这样有助于肌肉放松。

古罗马市民对于洗浴的注重表现在：无论是奢侈的都市豪宅还是简单的农村房舍，都有用于洗浴的设施。

经济活动

在这有限的展览空间，要表现古罗马帝国时期的经济状况和生产活动自然是非常困难的。然而，仅仅是通过这次展览展出的有限展品（展品大多来源于维苏威区域），人们可以对古罗马城市的生产活动以及商业交往有所了解。这些商业交往活动不仅把罗马和地中海沿岸区域联系在一起，还实现了罗马与更遥远国家和地区的交流，比如埃及、中东，直到印度洋。

考古学家们已经发掘出的大量古代手工艺品足以令观众目瞪口呆，而发掘工作仍在继续。很多物品，比如劳动工具，它们本身就是直接的证据；其它，比如绘画或雕刻过程中的场景再现，告诉了我们古罗马人不同的日常工作，让我们对这个充满活力与变化的劳动世界满怀想象。古罗马不重视对这些日常工作的仔细练习，因为，手工工艺，从小技工的手艺到建筑师和医生，都被认为不值得自由人学习。具体分清楚制造者和销售者也很困难，因为鞋匠和锅匠有可能贩卖他们自己的产品。庞贝的某些壁画展示了在古罗马广场上小商贩云集的生动场景：小贩把各式大号容器摆在地上，如同一个美丽的展览，旁边的小桌上摆满工具；鞋匠，布匹商贩和锅匠摆出了各式的铜质容器，顾客们则专心致志地看着这些容器里的物品。多么自然——而罗马帝国时期的古建筑又是多么雄伟！建设大型建筑物工程浩大，与之相关的工作都非常专业：建筑师、石匠、大理石石工、雕刻家、泥瓦匠、木匠，这些工种存在的直接证据就是大量种类繁多的工具，它们总是成套出现：直角尺、铅锤线、测量工具、指南针、锯子，这些工具的外形经过数世纪都没有变化，与近代的工具如出一辙。

贩卖不同商品的小店数量也很多，这也包括食品店：这些商店里有不同种类的秤以及不同重量的石头和铜块。在食品区有很多特定产品的专卖店：专卖水果的，羽扇豆的，瓜果的——他们和手工艺人一样直接贩卖自己的劳动所得，渔民和菜贩也是如此。在古罗马城市中面包师的收入相当好。马可 · 威尔基利奥 · 厄乌里萨切 (Marco Virgilio Eurisace) 的墓碑位于罗马，描述了烘制面包工作。在庞贝，面包师特伦提丝 · 尼奥 (Terentius Neo) 享誉盛名，他家就在自己的面包房旁边，家里面有一幅著名的壁画，描绘了当时一对夫妇的表演。

古罗马时代的工作据考证有大约160种，其中某些还相当专业。通过拉丁文字记载，以及大量无数的出土物品器具，我们得到了很多关于医生的记录。建立在理性基础上的科学医学直到公元前3世纪才被引入罗马，这还得归功于与希腊世界的接触，因为第一批医生都是希腊人。在帝国时代开始时（公元前1世纪末期），医生才获得重视，皇帝有了私人医生。同时，专业上的竞争也愈发明显，其中，眼科获得了极大的重视：整个帝国的国土上遍布眼科医生，说明了当时眼科疾病非常普遍。药品来源于各种动植物，它们被保存在小铜罐里，医生把这些药品和必备的工具放在圆形容器里，随身携带。

古罗马人认为外科手术是一种极端的治疗方法；而且外科手术用的工具也十分昂贵，比如说各式各样的钳子、钩子、小刀、探针，直到今天我们仍在使用这些工具。有特别证据说明，在庞贝和埃尔科拉诺发现的某些工具是具有高精度的专业化工具。

商业活动和经济活动的发展与陆路和海路交通的发展联系密切。罗马创建的度量衡体制不仅在意大利使用，而是遍及整个帝国的领土，这个体制下人们制造了120公里长的网。统一的度量衡不但促进了商品的运输和推广，还促进人才和思维方式的交流。直到占领了埃及和希腊之后，罗马的海上商业通道才被打开。紧接着海上商业发展迅速，港口的重要性愈发明显。起先罗马第一大港是蒲泰俄利 (puteoli) 港（今天的波佐利港，位于那不勒斯湾），后来从公元2世纪起，更靠近罗马的欧斯提亚 (Ostia) 港成为第一港。蒲泰俄利港是海上交通的枢纽，为罗马提供了西西里的小麦、希腊的美酒以及其它奢侈品，比如香水、香料以及宝石。古罗马海上贸易的标志正是两耳细颈酒瓶，它是海路运输时最主要和最常见的容器之一，它的外形有助于装货。帝国的各个区域都在生产不同类型和不同形状的两耳细颈酒瓶，它们不单用于装葡萄酒，还可以用来装油、鱼子酱、橄榄油以及其它物品。无论用于何种用途，每个容器上都刻有必要信息，比如生产者的名字、所装物体及最大重量、容器体积等。

在公元1世纪，帝国的其它区域也开始流行工房劳动，比如说高卢（今天的法国）以及非洲北部临近地中海地区。在意大利、高卢南部和西班牙的工房制造并出口一种的精美陶器，它按照模具（密封土）装饰，明亮的外表上还点缀着红色珊瑚。在毛里塔尼亚省，即现今的突尼斯，生产并出口一种外表亮红的陶器，当地人依靠贵金属——比如铜或银，来压制陶器的外形。

个人生活——住宅

如同公元前 1 世纪的建筑师和雕刻家、拉丁人维特鲁威所叙述的一样，古罗马住宅（domus）由两个基础部分：庭院（atrium）和配备有门廊的花园组成。

古意大利住宅仅仅由庭院组成，庭院周围是住房。庭院是早期棚屋环境的延续，每个家庭都在这里烧火煮饭并举行集体活动，有时在庭院后部有小花园，里面种植了蔬菜和水果，也可以在这里酿酒炼油。

从公元前 2 世纪开始，住房规模逐渐扩大。由于受到希腊人的影响，小花园发展成为了 peristylium，即被圆柱门廊包围的花园，里面还设置了不同的房间（庭院和围墙式住宅）。

来到一户典型的古罗马住宅，首先就是入口（vestibulum），通常由柱子支撑而成，有时候入口的规模如此之小以至于根本摆不下凳子，居民只好沿街而坐。进入大门后要穿过前庭（fauces），也就是一段很短的走廊。通过走廊后人们来到庭院（atrium），这里也是住宅前半部分的中心，面积很大的空地。屋顶上有天井，有时会沿着天井四边装饰建筑陶土。与天井相对应的是挖空地下形成的水池，用于收集雨水并输送到地下水池。在比较富有的家庭里，庭院部分会进行奢侈的布置陈设；人们可以看到家用保险箱，在水盆旁边还有大理石桌，桌子周围留下了当年家庭聚餐的美好回忆。桌子的支撑部分装饰豪华，而在重要场合桌子上会摆上最精美的瓷器。在水盆旁边是货真价实的大理石水井或陶土水井，水井旁有空洞，水可以从这里流入地下水池。在庭院里还可以找到小型家庭教堂（lararium），名字来源于拉瑞神（Lari），是家庭保护神。小教堂的形状和装饰各不相同：有的在三角楣饰上放置了一个小小的壁龛；有的神龛是小庙形状底部还有画饰；有的放置着家神或是其它神明的铜制、陶制雕像。由于住宅规模加大，也可以在厨房或走廊上放置家神龛。

对家神的崇拜和对家族先祖（Genius familiars）的崇拜有关联，他是一家之父的庇护神。他是一个成年男子的形象，巨大的斗篷盖住了头部，手中握有不同的物件，最常见的是丰饶角和奠酒器（扁平状）。人们也可以经常看到商业之神或幸运女神的形象。总之，当古罗马引入了东方的宗教后，创立一种结合了罗马神学和东方神学的宗教。比如说，原来的古埃及伊西斯（Iside）女神就和幸运女神结合，成为了所谓的伊西斯幸运女神。

通常情况下，庭院的墙壁以及走廊围成了一个宽大的空间，这块开阔地是主人的书房，他在这里接待客人商讨事务。它是一户住宅最重要的房间之一，装饰精美，有时主人会装上门帘或木板门。

庭院两边的房间作用并不固定，缺少为特定用途所准备的个性元素。有时这里摆放了衣柜或书架，有时是家神的石像。总之这里像是古意大利建筑结构的残存部分，当庭院封顶时，这里用于采光和透气。

其它房间根据位置不同作用也不相同。入口两边沿街的房间可以用作店面，朝内的房间可以作为客房、佣人的卧室或是小饭厅。庭院周围，只有一个出口并且正对着庭院的房间是卧室。通常在这些房间的墙上都刻有凹槽标明床铺的位置，有时在墙底部的凹槽可以作为壁橱。这个房间不大，很小的窗户位置很高，保护房屋里的人免受窥探。

庭院周围，或是柱廊式内院的周围，还有房主人用于吃饭或是举行宴会的房间。

饭厅或是书房旁边有很大的房间，用于客人众多时举行宴请或会议。

在住宅的最深处我们可以发现典型的古希腊风格建筑：半园形花园。从公元前 1 世纪开始，它被用于古罗马式住宅中。

花园、花园周围的柱廊、卧室、会客室、会议室、餐室构成了这种建筑风格。这里的房间和庭院周围的房间相比种类更多。这里的布局还可以根据空间大小，房屋重要性或是主人的嗜好进行改变：柱廊式内院可以在一条边，两条边或是三条边上修建柱廊，或是在这住宅最深处修建一个有围墙的花园，或是在花园里修建浴池和健身房。

尽管陈设不尽相同，花园成为了每个家庭的乐园。每个家庭根据喜好和流行趋势决定花园的特点。在有些花园你可以看到，圆柱支撑的凉亭成为了夏天主人一家接待客人的餐厅。他们陶醉在聪明的园丁利用观赏植物、花朵和果树精心美化的环境中。很多具有园丁形象的图画以及文字记录为我们提供了关于这些观赏植物的重要信息：月桂树、叶板、常青藤、黄杨木是最受欢迎的观赏植物；而樱桃树、桃树、杏树、苹果树是最常使用的果树。还有如法国梧桐这样的大型树种也倍受青睐。

花园也是贵族举行沙龙活动（文学讨论、朋友聊天、哲学沉思等）的地方。

身处这样浓密的绿色中，人们还可以注意到不同的雕像。在官邸和别墅中的雕像装饰反映出希腊文化已被很好的融合吸收。对于中产阶级，人们热衷于仿效社会高层的豪宅陈设，在住宅里摆放大量雕像作为装饰。选择雕像主题非常重要，最流行的主题是酒神及其随从——林神、少女、女祭司。人们依此纪念自然和森林，憧憬美好的未来生活。此外，与阿芙罗蒂德和海格立斯相关的主题，以及动物相互打斗的主题也很受欢迎。不同的雕像类型广为流传，其中有把大理石板放置在大柱子上雕刻的方法，作为对圆形雕塑的装饰。

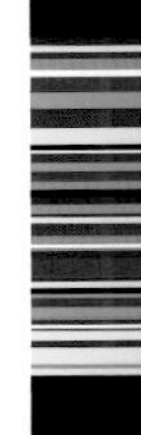

在帝国时代，人们开始流行在喷泉开展水上游戏。这些喷泉由或大或小的大理石或青铜雕像组成，水从这些雕像中喷出，流入大理石水池中。这充分利用水资源还催生了新的耕种技术，使得花园成为了真正的欢乐地带。水池装饰着多彩镶嵌画，还有贝壳饰品和小雕像，或者是男性雕像。水从这些男性雕像中喷出。

人们可以按照自己的喜好和经济状况，对住宅内部不同作用的房间进行个性化装饰。

最漂亮的房间用于接待客人，屋顶的圆拱经过装饰，装饰的主题不尽相同，从神话题材到一些普遍的装饰题材，比如圆花饰、带状装饰、胜利装饰等图案。

铺地面的方式也不一样：从古老住宅简单的土地地面，到碎瓦片铺地法（将石灰、罐子碎片和瓦片混合在一起，混合物上面覆盖上一层薄薄的红石膏，有时还加入些白色镶嵌物），再到上色大理石地面（opus sectile），最后是石灰石或大理石镶嵌地面，原料的形状可以是方形或三角形。

绘画时期、绘画目的和绘画装饰方法不同，决定了镶嵌画的主题不同。人们可以在前厅发现描绘着狗的镶嵌画，在餐室里，绘画主题则是沉寂的自然，或者与宴会有关。有些镶嵌画很随意马虎，有些镶嵌画五光十色，精美绝伦，其原料是大理石，甚至是金子。这些镶嵌画才是古代最有价值的艺术珍宝，典型的就是位于庞贝法乌诺家的阿列桑德罗镶嵌画。

最早的小镶嵌画可以追述到公元前 2 世纪。它们通常在画室里制作完成，由小而规则的镶嵌块组成，外面是较大的镶嵌块以及珍贵的外框。这种小镶嵌画通常是古希腊风格，放置在土地地面的中央部分，或是和石灰石片、大理石片和白石灰石镶嵌物放置在一起。

一般情况下，人们使用壁画对墙壁进行装饰。不同壁画反映了特定时期的流行趋势。人们很少会使用大理石板的挂画。在厕所、厨房等房间仅仅涂上了白色石灰，偶尔用一些很简单的装饰元素。家神龛的画像遵照当时的准则放置，而房主人可以选择自认为最好的方法装饰客房，给客人留下深刻印象。

住宅里的陈设比较简单，大部分的房间里通常只有壁橱，小橱柜或是支架。

家具的原料通常是木头、大理石或青铜。床铺既可用于睡眠也可在宴会中使用，这种床铺形式多样，通常由木头组成，附带有青铜、骨头或是象牙制成的装饰，床腿经过细致加工，床两头有靠背。用于午休的床铺就简单很多，床垫放置在木头上或是横向的丝线上。有靠背及没靠背的椅子、扶手椅、凳子、大理石、石头或木头长凳、小桌子、有门并分层的衣柜等家具均有记载。

从壁画上我们得知帘子、毯子、枕头以及挂毯的使用非常普遍。位于社会高阶层的家庭还装饰其它不同的艺术品：半身雕像，可放置火把的希腊男青年雕像，庭院水池旁的大理石或青铜大型雕像。

穷人的住宅自然相形见绌。他们甚至没有住在真正的家，而是住在工作地旁边或后面的房子里。有时他们也租房住，住在沿街房屋的底层。

除了典型的古罗马住宅外，我们也可以看看其它样式的住宅，它们与今天的房屋非常相似。人们首先在庞贝发现了线索，后来在奥斯提亚和罗马进行发掘工作。同时也有一些文字资料流传下来。已被证实的一座建筑物叫做独栋楼，它修建于公元前 3 世纪。这栋居民楼有数层高，被分割成了数个独立套间，便于出租。

在共和国末期，由于人口高速增长，罗马急需大量居民房。人们因此开始修建高层建筑，但是随之而来的问题很多：人口拥挤、空间狭小局促、光线不佳、缺少水泵。快速随意的建造大量的独栋楼也带来了房屋倒塌和火灾的隐患。奥古斯都因此下令每栋楼的高度不能超过 18 米，相当于只有五层高。然而，这项法规却难以施行。在公元 64 年的罗马大火过后，尼禄（Nerone）皇帝颁布了新的法律：为了改善局势，他规定独栋楼的高度最高为 21 米，同时两栋楼之间必须有 3 米的间隔。然而违规建设的情况屡禁不止，图拉真皇帝最后不得不规定房屋高度极限为 18 米。

现在这种公寓楼房在罗马只留下几处遗址，但是从大理石平面图中我们获悉这种楼房原来数量众多。在通向圣母玛丽亚神殿的台阶周围，保留了一座六层高的完整楼房，它与另外一栋更靠近山顶的楼房连在一起。第一层完全是商店，第三层分隔成三户套房，第四层则是一系列采光很差的房间。与个人住宅极富特点的狭小入口不同，这栋楼房有很大的窗户，它们是整栋建筑唯一的光源。

欧斯提亚是古罗马公共样式的建筑工程，这个工程中建起了很多公寓楼。

尽管这些楼房是为了穷人而建，也不缺少富人占有公寓房并仿造传统住宅设置庭院、饭厅和书房的例子。

有必要强调一下，共和国时期的住宅完全以庭院为中心，而帝国中期的独栋楼大门朝向街道，房屋正面还有很多大窗户。因为社会福利保证，人们的家庭生活应当非常轻松。由于佣人的缺失，很多人并未生活在家里，他们依靠公众服务满足大部分的生活需求。

别墅

大约是公元前 2 世纪，当希腊文化开始为古罗马权力阶级所接受时，出现了一种希腊风格的住宅别墅。它不单用于传统的农产品生产收集活动，它的重要性甚至超过了城市的住宅。这种趋势引发人们关注哪里适合建造别墅，以便观山望海。

奢侈的别墅就因此应运而生。整个别墅主要用于休闲娱乐，在这里人们可以学习或进行哲学思考。在政治活动的间隙中，人们可以在此享受多种欢乐，也可以致力于文化学习。

尽管也有用于摆放生产工具的房间，这种别墅建筑还是按照古罗马住宅的传统要求，由预制板组成居住区。建筑周围是门廊和庭院，庭院里有房间。由门廊包围的大花园是别墅的特点。花园修建在不同高度上，以便有更好的展示效果。花园由专业奴隶维护，他们遵循特定的艺术形式，修建了严谨的花圃、小树林、绿廊。篱笆由芦苇秆交叉修成，修剪植物则是为了制作造型。装饰品也是这些住宅的特点。有的屋主是真正的收藏家，他们喜欢在花园里摆放古希腊式的雕像，这些雕像起到很好的装饰作用。别墅内其它特色元素包括：夏天和冬天用不同的大饭厅；卧室，不但用于晚上睡眠，白天也可在此学习休息；大厅，朝向花园的露天房间，休闲娱乐的地方；小厅，用于休息、阅读、文化交流，窗户朝向花园；书房，真正的小型图书馆，就像位于埃尔克拉诺的帕比里别墅中复原的书房一样。此外，还有巨大的浴池，外型和公共浴池一样，旁边有很多房间：更衣室、冷水浴室、温水浴室、热水浴室。其中温水浴间通常不止一个，不同房间的温度不同。健身房自然不可缺少，在花园里还有新玩意：游泳池，供人游泳，也起到装饰作用。游泳池内部装饰有很多奢华的物件。

修建在不同露台上的柱廊和过道也很重要，人们在此散步。有些柱廊和过道上有顶棚，便于在天气不好时散步，有些更大的柱廊和过道则是骑楼建筑。

别墅迅速流行，一开始人们修建在山坡上，后来则修建在海边，与港口、鱼池和其它海事建筑在一起。在公元前 1 世纪到公元 1 世纪，别墅享誉盛名，当时拥有一座带鱼池的别墅不单是流行所向，也是个人财力和声望的象征。有的别墅直接修建在海堤上。而对于坎帕尼亚大区的海滨别墅，由于使用了新技术，才实现了海上建造——一位马耳他水力学家利用当地白榴火山灰填海，其上就可以快速安全地建房。

别墅内的绘画装饰的数量众多，五彩缤纷。这既是因为别墅主人有钱聘请优秀的画师，也是因为别墅内待装饰的面积巨大，让画师有自由发挥的空间。

我们经常忽略了别墅主人。圆拱上的铭文让我们认识了某些名字，但考虑到这些别墅经常更换门庭，他们很有可能只是某个时期的主人。这样的别墅应当属于当地的富豪家庭。但有些却成了帝国的国有财产，有的甚至成了皇帝的长期住宅。比如说，在公元 27 年到公元 37 年间，皇帝一直住在卡布里的蒂贝里诺别墅。之后蒂沃利的阿德里亚诺别墅也是如此。

内陆地区的乡间别墅则不尽相同。它们大多数按照天然地面走势修建，防止地基受到冲蚀作用而损伤。出于生产需要和商业交流的考虑，它们大部分位于道路旁边，便于陆上交通。乡间别墅通常由居住区和生产区组成，居住区很简约，包括庭院、前庭和房间，有的房间装修奢华，有的却很随意；生产区则装满了生产工具。

乡间别墅的主人可以直接管理自己的别墅。当他不在此居住时，可以把房子委托管家代理。他也可以把别墅建成一个农产品公司交给奴隶管理，而自己偶尔回来监督工作。

乡间别墅有专门用于榨油和酿酒的空间，这是它的主要特点。油和葡萄酒是古意大利最重要的农业产品。人们也种植谷类植物、水果、豆荚和蔬菜。

烹调

很多关于古罗马人饮食习惯的证据，让我们对这项日常生活中的基本需求有了很深的了解。这些证据来源广泛：在维苏威火山旁，对已经碳化的城市遗址进行分析，大量的图画资料以及对烹调情有独钟的古罗马人的文献著作［关于食品的书目有卡托（Cato）所著《论农业》，瓦罗内（Varrone）所著《论乡村》和普林尼（Plinio）所著《自然史》］。在太巴列时期，塞留斯（Celius Apicius）奉命将大量珍贵的食品烹调法收入到名为《论厨艺》的书中。在古罗马文明起源时期，人们认为食物仅仅是基本需求，情况与后来差别很大。此时每顿饭都相当简单，以谷类食品和蔬菜为主，不需要特别准备。典型菜肴是小麦粥，还有比较流行的是蚕豆汤、扁豆汤，或者简单的青菜，比如莴苣和卷心菜，直到公元前 2 世纪面包才开始流行。和东方世界的第一次交流，为古罗马人的饮食习惯带来了改变。人们逐渐在烹调过程中使用香料、一些罕见果类（樱桃、亚美尼亚的杏子和非洲的枣椰）和高级葡萄酒。慢慢地食品的种类越来越多，烹饪也越来越细致。以淀粉为主的主食分类越来越细：不同种类的面包、软蛋糕或酥蛋糕、夹心面团越来越经常地出现在古罗马人的饭桌上。但变化最大的是荤菜和鱼。当时羊肉、猪肉和家禽最为流行；牛肉因为价格昂贵，仅在特别场合食用。野味也悄然出现，特别是野兔肉、鹿肉、野猪肉和野鸡最为常见。野味的出现应当归功于当地大面积的林地非常适合打猎。红鹤和睡鼠对于我们现代人相当陌生，但是它们的肉鲜嫩多汁，在当时非常流行。人们还尝试利用一种特殊的笼子，将睡鼠养在家中。这种容器由陶土制成，里面是螺旋形的通道。蒸鱼、炸鱼、烤鱼受到社会各阶层的欢迎，原料包括海里最常见的青鱼，到墨鱼、龙虾，再到罕见的大鲻鱼、鲟鱼和比目鱼。在富贵人家里，甚至设有水池饲养鱼类和贝壳。自从塞尔吉奥 · 欧拉塔（Sergio Orata）于公元前 2 世纪末至公元前一世纪初实现了大量水生动物养殖后，养殖活动就越来越流行。古罗马人如此喜欢鱼类，以至于鱼类成为了一种加隆酱汁（garum）的主要原料。这种酱汁当时非常流行，几乎每碟菜中都要用到。做法是将鱼内脏放在太阳底下直到腐烂，提取的液体就是这种调料。这个过程需要漫长的时间和相当的手艺，所以加隆酱汁的价值极高，售价相当惊人。

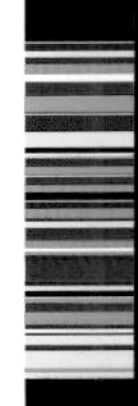

食品烹调的方式很多。各个住宅里厨房的大小不一。有的住宅里根本没有厨房，煮饭似乎必须依靠活动炉灶。在富贵人家里有专门的厨房，厨房墙上有覆盖着砖头的台灶，半圆形的壁橱用于放置木头，食物就在点燃的木头上煮熟，有时使用支架，有时不用。清蒸、油炒和烧烤食物相当简单。在帝国时代，厨房逐渐变得华丽精致，甚至引人注目。人们开始流行在牛奶或蜂蜜中烹制食物，各种关于烹饪的奇思妙想逐渐流传，直至烹调艺术的出现。每一位有才干的厨师都应当会利用工具和模具让食物看上去与众不同。

宴会刚开始提供鸡蛋和橄榄，或者小扁豆、玉米、葡萄、榛子和枣椰，它们都是只需稍稍加工即美味可口的食品，无论多精致的菜肴也无法代替它们。根据古代文献记载，当时大量使用香料（特别是胡椒，甚至用于家庭甜食中）和蜂蜜，所以食物的味道应该以酸甜为主，有一些辣味。

餐室和宴会

在古罗马社会，宴会一般放在最重要的晚餐举行，琳琅满目的新鲜菜肴说明了宴会的重要性。早餐由面包、奶酪和剩饭组成，相当简单；而午餐的时间更短，人们在街上吃些商店里买来的食物。当地商店里售有香肠、鱼肉、扁豆、水果、蛋糕、甜食和最重要的葡萄酒。晚餐则在家里举行，有时还有聚会和活动。晚餐一般下午四点开始，有时会一直持续到深夜。人们在家里的固定区域吃晚餐：一开始在庭院里，后来在庭院和内庭（或花园）之间的大书房上面的夹层中，最后发展到在真正的餐室里。餐室呈三角形，装修精致，其名称（triclinio）来源于"三张相连的床铺"——床铺是木质结构，用青铜、象牙和骨头装饰，两端有床头板。床铺根据受力规律，制成了新月形，人们在上面可以很舒展地用餐。客人们坐在大床和中床上，它们从右向左放置，户主及其家人则坐在小床上。每张床铺最多可以坐三个人，每个人的一只胳膊都靠在垫子上，从木头、青铜或大理石的小桌上拿取食物。从公元 1 世纪开始桌子上才垫有桌布。桌子放置在床铺之间，上面还摆有饮料和葡萄酒。葡萄酒是宴会中不可缺少的元素：人们不喝纯葡萄酒（纯葡萄酒只在奠酒仪式中使用），而是先兑水，然后加入香料和蜂蜜。在某些情况下，特别是重要的宴会或是在冬天，人们用一种特殊的容器加热葡萄酒。这种容器很像现代带加热装置的俄国茶壶，具有很强的保温效果。人们一般直接用手抓取食物，因为之前食物已经由专人撕成了小块。人们很少使用刀叉，最常见的餐具是汤匙，人们根本不用叉子。

餐具种类很多，形状不一，原料不同：从小型宴会使用的陶土餐具和玻璃餐具，到正式场合使用的银餐具，碟子、酒杯、高脚杯、碗、水壶、水盆数量众多，宴会后一般都有专人洗刷。

晚餐期间一般用青铜灯和陶土灯照明，在特殊时候会使用大烛台。冷盘里都是些清淡的菜肴，最常见的是鸡蛋。之后是正式的晚餐，有很多道菜，最主要的是肉类和鱼。最后是辛辣或干燥的食物，人们吃完之后感到口渴难耐，因而喝下大量的葡萄酒。所有菜都是温的或凉的，这样用手抓取食物比较方便。非正式的晚餐只有冷盘和一盘肉菜。

对于古罗马人来说，宴会非常重要。宴会上不但可以和亲友团聚，同时主人和客人也可借此表现自己的社会地位和经济状况。举例来说，宴会期间奴隶盛装出席，他们的数量即可表现主人的社会地位。由专门的奴隶控制上菜顺序。为了宴会顺利进行，奴隶还表演节目——朗诵、演奏乐器、跳舞、杂技等等。为了炫耀财富，主人还经常给来访客人礼物以示留念。这些礼物被称作送客礼，一般是各种小玩意儿或者小雕像。客人在晚宴后举行的骰子游戏中通常还能大获全胜。从共和国时期直到奥古斯都时期，元老院颁布了各项限制宴会奢侈程度的法令法规，然而在帝国时期很难对宴会进行认真控制，与之相反，宴会的数量和规模一直在上升。

宗教

最原始的古罗马宗教中的神灵都具有人的思想和感情，这和古希腊宗教一样。后来古罗马宗教吸收了古希腊宗教的内容，但原来的神还是神圣权利和神圣意志的表现。一方面，古罗马人吸纳了外国的神，在罗马进行祭礼活动；另一方面，非常实际的宗教对于祭礼的形式和仪式十分保守。宗教仪式在公众生活和私人生活中逐渐占有一席之地，这些仪式的目的是获得神的恩惠，以便得到好处。出于这个原因，古罗马宗教的社会性很强，人们在家必须祈祷，在外则必须参加公众仪式。

个人祈祷很重要，它与保护家庭的不同神灵有直接联系。在家里人们利用庭院进行祭礼活动：一开始人们摆放灶台，用来祭拜女灶维斯塔（Vesta）神。后来，庭院里设置了家神龛，家庭守护神拉瑞（Lari）看起来是一对双胞胎形象，站在一个祭坛的两侧，正做着倾倒神酒的动作；家族先祖（Genio familiare）是男性保护神，看起来是一个穿着宽袍、头戴面罩的男性形象；佩那里神（Penali）被赋予了保护家庭财产的职责；而马尼（Mani）神被视作一个家族逝去的先人。如果家庭中发生了重要的事情，比如出生、死亡和结婚时，家里主持祭拜仪式的是父亲，孩子们可以帮忙把祭品拿给他，在一些特定的仪式中，孩子可以作为随从，成为祭司或是献祭者。

最早的家庭保护神，比如维斯塔和吉亚诺（Giano），在城里举行的正式祭礼中也享有特权。吉亚诺是具有双面形象的通道之神，它保护着家庭的大门，后来成了城门守护神。维斯塔是古罗马的正神，因此罗马城中的维斯塔神庙里面保存着圣火，由女祭司负责看管，圣火必须永远点燃。

正如人们在家里祭拜家庭保护神一样，早期人们也在其它神明的住所祭拜它们，这些地方包括树林、洞穴和水源处。据说，罗马城的第一批神庙修建于帝国时代，这也得到了考古学家的证实。最著名的伊特鲁里亚——意大利式古罗马神庙就是丘比特神庙，用于祭拜宙斯、海神和智慧女神三位神灵，它是所有古罗马神庙的原型。丘比特神庙修建在高台之上，人们必须经过一段石级才能到达。它由三部分组成，或者说是由一个房间和三个翼房组成；除了神庙后部之外，神庙周围有一排石柱。陶土板和陶土雕像是神庙的装饰品。

希腊建筑的影响始于公元前 2 世纪，此时古罗马引进了古希腊建筑元素，比如说神庙四周都围有石柱，同时也保留下了一些古意大利的建筑特点，比如说建筑正面的整体结构布局和高台。

由于缺少统一标准，所以在古罗马宗教中很容易引入新的神灵。很明显，随着古罗马的政治扩张，它逐渐吸收了古意大利、古希腊和伊特鲁里亚的神灵。祭司学院的建立与古希腊联系密切。人们在祭祀学院里查阅《预言书》。这本书是西比拉 · 迪库马（Sibilla di Cuma）所作的预言集，据传说他把这本书卖给了罗马的一位老国王。当人们遇到困难时，或是要解释神秘事件时，就前来查阅此书。正如前文提到的，即使在已经攻占或破坏的城市里，古罗马人依然信奉该城市的宗教。因为他们认为不经过城邦守护神的允许下，他们无法攻占城市获得胜利；因此他们让战争中的受害者离开自己的城市来到罗马，并让受害者得到了很多好处。远古时期古罗马宗教的基础是宙斯、战神和圣骑士；万神殿供奉了十二位神灵，十二位祭司宣誓永远服侍，从古罗马日历中的节假日名称可以推测出大部分这些神灵的名字。后来这些神灵消失了，或是被古希腊神灵替代了；之后狩猎女神、幸运女神、爱神、谷神、智慧之神和海神在民众生活中占据了重要位置。

一段时间后，在罗马兴起了对无所不能的大神宙斯的崇拜。人们还为宙斯专门建立了神殿，神殿里宙斯神旁分别是智慧之神和海神，而阿弗利诺神庙则用于祭拜狩猎女神和谷神。

从希腊来到罗马的神灵中，海格立斯享誉盛名，此时他已不再是英雄而是神。狄奥斯库里（Dioscuri）这个名字和英雄卡斯托雷（Castore）及保禄柴（Polluce）一起出现。对于阿波罗的崇拜则始于公元前六世纪末至公元前五世纪初，通过希腊殖民地库马传入罗马。一开始，人们把阿波罗当作医药和预言之神，在城墙外的寺庙里拜祭他。后来阿波罗变得相当重要。公元前 31 年，当奥古斯都在与安东尼和克莉奥帕特拉的战争中获胜后，他为阿波罗在阿拉蒂诺山上修建了神庙。

在帝国早期传入古罗马的东方宗教中，埃及女神伊西斯（Iside）和印度－伊朗麦塔（Mitra）神最为著名。麦塔神在士兵中尤其受欢迎。古罗马时期很多用于祭拜麦塔神的场所都保留下来。这些地方大多位于地下，因为麦塔神出生于洞穴中。

公元前 27 年，奥古斯都获得帝位，他认为恢复古罗马宗教的悠久传统非常重要，同时他推行对他的个人崇拜，这是后来对皇帝及皇帝家庭崇拜的基础。奥古斯都因此建立了对自己的崇拜，同时规定庆典活动由特别祭司学院奥古斯塔利（Augustali）负责。各种比赛以奥古斯都的名义进行，奥古斯都拥有了自己的庙宇，他死后获得了神一样的荣誉。

这种做法在奥古斯都的后代中愈演愈烈，皇帝把自己神化为神灵的现象愈发普遍。尼禄（Nerone）皇帝神化为阿波罗，而考莫多（Commodo）皇帝神化为海格立斯。

奥古斯都时期的神庙具备了更多希腊建筑的特点：大理石的使用和建筑的对称性这些特点在整个帝国时期都没有发生变化。

妇女和美容

古罗马人继承了希腊文化，并在化妆和用药方面学习了东方文化，所以他们对于个人护理的标准很高。维苏威火山附近城市中的墓地里发现了很多关于这方面的文字资料。老普林尼（Plinio il Vecchio）（公元 1 世纪）在《自然史》里记载了很多化妆品，而奥古斯都时期的奥维迪奥（Ovidio）则在他的作品《美容术》中记载了很多让人保持高贵美丽的妙招。

古罗马对于个人健康相当重视，每个人每天都应清洗面部、手臂和大腿，每七到九天就应当去公共浴池洗澡——那时候只有有钱人家才有私人浴池。洗澡时，人们使用海绵以及矿物提取物或植物提取物。最后人们涂抹油膏以保持放松状态，缓解皮肤干燥。人们对于耳朵的健康卫生相当重视，它们使用一种端部有小勺的小棍子清洁耳道。棍子的原料通常有骨头、象牙或青铜。人们使用苏打水和碳酸盐清洗牙齿，有时还使用牙棒，作用和今天的牙签相似。一种以植物为原料生产的药片可以解决口气问题，咀嚼茴香叶或甘草叶也有类似功效。女人和男人都一心想着脱毛，特别是在腋窝和大腿部。为此他们使用脱毛膏。脱毛膏的原料是树脂油，辅以松香和蜡，或是和铜质、银质或金质小镊子一起使用。妇女一般使用美容面膜以祛除皱纹、美白面部肌肤。面膜的主要原料是各种植物（蜂蜜、淀粉、茴香等），并加上玫瑰，还要和各种五花八门的物品一同使用（骨髓、胎盘等）。真正的化妆品五花八门，腮红使得面颊美艳动人，同时隐去了脸斑和皱纹；黑色的眼线染料来自植物安提莫（antimonium），人们利用锥子或针的一头把黑线画在脸上；口红的原料是朱砂，石膏或矿物；眼影的原料是孔雀石或蓝孔雀石。

一般说来，古罗马妇女都有化妆盒，由小圣餐盒或小首饰盒发展而来。化妆盒形状多样，大部分由骨头制成，用于盛放各种化妆品。使用时需要借助由骨头、玻璃或是青铜制成的抹刀或小匙。

谈到化妆不能不说发型。随着时间流逝，按照不同的流行趋势，发型式样经过多次改变。而流行趋势是由皇室家族的显赫成员所决定。从帝国时期刚开始到公元 1 世纪中期，长而卷的头发通常从中间分到两边，鬓角附近有时留有卷发。公元 1 世纪后期中分发型已不再流行，人们喜欢留着辫子，此外，前额和鬓角上有假发。很显然，只有通过奴隶剪发师，社会上层人士才能留有如此精致的发型，而人们只在特定情况下前往理发店。梳子的原料有木头、骨头、象牙或金属，有两排相对的梳齿。特别的工具可以使得头发卷曲，还有骨头、象牙或银质的发夹，有的发夹配有小把手，用于剪发结束后固定头发造型。有些情况下人们使用埃奈（henné）、萨博（sapo）或安提莫（antimonium）进行染发。埃奈是一种源于东方的植物，可以产生一种特别的红色，在帝国时代人们也用它为膝盖、肘部和脚底板涂色。萨博来源于山毛榉灰和大型动物的骨灰，可以将头发染成金色或浅红色。安提莫可以带给人们一头乌黑亮丽的头发。然而，人们只在特定场合，使用亮丽的颜色染发，比如天蓝色或紫色。人们使用假发，或是在头上戴着植物纤维制成的帽套，这样既可以赶时髦，也可以遮盖缺发或者白发。有些发型是专为极富有、社会地位极高的女性准备，需要使用金线网罩，网罩上甚至还镶有宝石。而普通的网罩则用于保护头发，原料是某些动物的膀胱壁。

镜子是美容的基本工具，男女通用。有正方形、三角形或圆形，有的有把手，有的镜子的边框很简单，有的却有装饰。大部分镜子由铜制成，很少是银质的。金属表面的镜子至少流行到公元 2 世纪，后来被玻璃镜子代替。

古罗马人大量使用香料，他们从东方世界和埃及进口香料，或者直接在当地工厂里生产香料。这些工厂名噪一时，比如卡布阿、那不勒斯和庞贝的香料工厂。制作香料时，先在油里把花和叶子泡软然后榨干，接着加入松香或树脂作为固定液，再可加入着色剂，这些着色剂从油膏或是香料中提取。香料最后呈粉末状、片状、或是液态。一开始人们将香料放在特制的陶土罐里保存，后来则放在各种尺寸形状的玻璃瓶里。人们在沐浴后或是宴会时涂抹大量香料。尽管成本高昂，但香料也被用于净化室内空气，或是用于宗教仪式和葬礼过程中。

女性装饰品

根据古代文献，我们得知在共和国时期的古罗马，人们已经佩戴首饰——尽管当时法律对于首饰有诸多限制。从公元前 1 世纪开始，人们已经在日常生活中广泛使用装饰品。

这些装饰品自然反映了一个时代的流行趋势。尽管原料价值不菲，但是它们还是在社会各阶层广泛流行。对于饰品人们的要求并不苛刻，反映出当时纯朴简单的流行风尚。当然也有做工精良的稀有首饰，只有出身皇室或贵族的女性才能拥有这些高档首饰。

在维苏威地区，特别是在庞贝和埃尔克拉诺发现的大量珠宝首饰，给我们提供了关于当时流行风尚的宝贵信息。这些信息也得到了其它证据的证实。首饰的原料大都是金子，有时会配以宝石，宝石还被赋予了神秘的属性。只有很少首饰的原料是白银、铜或铁。

当时镯子非常流行，分为手镯、臂镯和踝镯。比较常见的镯子是由数个半球形小镯子连接而成；还有一种圆形的镯子由细致的金条制成，这种镯子也可作为踝镯。蛇形的镯子和戒指也非常流行，蛇通常是绕成数圈的形状，或者镯子和戒指的开放接口处是两条蛇的头部，它们相互对视。这种希腊风格的饰品在古罗马时期流行了很长时间，它们被当作护身符使用，因为爬行动物有辟邪的特性。它们还具有宗教属性，蛇是希腊女神伊西斯（Iside）的神圣象征，而在罗马很多人信仰伊西斯（Iside）女神。此外蛇还是健康之神阿斯克雷皮奥（Asclepio）和依各雅（Igea）的圣兽。

所有首饰中，对于男女老少而言最流行的都是戒指。戒指有印章的作月，这点在共和国时期尤为明显。人们根据不同用途把戒指戴在左手的不同手指上。妇女们最先接受戒指作为订婚或结婚的代表意义。后来戒指特性越来越多，不再是一种普通的首饰。戒指由轻薄的金条制成，镶嵌宝石代表着祝福。戒指也可能仅有几条金线组成，或是如镯子那样制成蛇形。镶嵌宝石的戒指款式最流行，宝石一般都是动物的造型，这种装饰方法源于古希腊。

耳坠中最为流行的是“带角小球”造型，由一个空心小球和薄板组成，小球上有 S 型挂钩。希腊首饰商并不出售这种类型的耳坠，所以这可能是古罗马人自己的创造。这种耳坠从公元前 1 世纪开始，一直流行到公元 2 世纪。有的耳坠上的小球装饰有小浮雕，此外，相当稀少的耳坠小球上镶有宝石。耳环也相当普遍，原料多为金子，上面镶有珍珠或宝石。有的耳环则是用金线拉着一颗珍珠挂在 S 型钩上。这两种耳环都来源于希腊，直到公元 3 世纪都还相当流行。此外，还有一种被称为“篮子型”的耳环相当常见，它由金丝网组成，金丝网里面是珍珠和宝石。

公元一世纪开始流行坠饰更多的耳环，坠饰里面还镶入珍珠。因为珍珠互相碰撞发出细微的声音，所以这样的坠饰被称为“响坠”。少女们则佩戴由简单的金线组成的耳环。

项链或许是最贵的首饰，种类繁多，最主要的有两种：绕在脖子周围的短项链；长达 30—40 厘米的长项链。相比长项链更加流行，它由金线经过精加工制成，可以在脖子上缠绕数圈，也可以垂放在胸前用球饰固定，球饰上还装饰有坠饰。

短项链的区别较多，原料和形状各有不同，普通的项链由环链和月牙形挂坠组成，好的项链镶有珍珠和翡翠，价值不菲。高级项链很少经过加工，可分为宝石部分、纯金部分和环链部分。佩戴项链相对比较方便，而且这种首饰的美与金子或翡翠的美也大相径庭。

珍珠项链、水晶项链和纯金项链也早已出现。有的项链由多条链环组戎，上面镶有宝石。玻璃项链也很常见，仅在庞贝就已经发现了 170 件。

生产首饰的原料来源广泛。举例来说，黄金的产地包括埃及、巴尔干半岛、达尔马提亚沿岸、不列颠和西班牙；最主要的珍珠产地位于红海和印度洋；维苏威地区出土的翡翠产自埃及的扎巴拉（Zabarah）山区；水晶产自阿尔卑斯山、小亚细亚和印度。

到了帝国时代，珠宝种类依然有很多。硬币首饰出现于公元 2 世纪，并在公元 3 世纪和四世纪广为流传。这种首饰用硬币作为项链的吊坠。同时宝石的使用也更加普遍。硬币不但用于首饰中，还用于陶器和家具的装饰。在公元 4 世纪，有关于纪念章的文献记载。把硬币置于经过精细加工装饰的框中，就成为了纪念章。古罗马晚期的饰品相当奢华，在特定的场合中，它们是给皇帝和高层官员的礼物。

葬礼仪式

根据古罗马人的宗教信仰，死去的人并没有消失：墓地成为了他的新家。在墓地里人们举行仪式，与死者同在。

人的死亡也意味着一系列仪式的开始，先要清洗尸体，然后涂上香膏，穿上生前的衣服，并由家里的女性成员和专门人员检查。之后死者摆放在住宅的庭院中，时间从几小时到一星期不等。时间长短由他生前的社会地位决定：每一位与死者道别的客人都能得到鲜花和花冠。

真正的葬礼仪式可以反映出死者的社会状况和经济状况：穷人和小孩的葬礼比较简单，通常在晚上进行；与之相反，是社会知名人士的葬礼则相当奢华，有庞大的仪仗队，伴随着音乐、火炬以及妇女的哀悼。当时的葬礼有个很特别的要素：对死者进行嘲笑。喜剧演员罗列出死者的缺点并用各种暗示进行嘲笑。在当今社会这点已被我们完全忽略。还有一种一直流行到公元 1 世纪中期的做法：为了证明古罗马世界家庭体制的重要性，在葬礼中有人会戴上死者祖先的面具，陪伴死者走完最后一程。或者有人会戴上蜡面具，扮演死者的祖先来陪伴亲人。

在古罗马，人们发展了相似的土葬仪式和火葬仪式，十二铜表法上对此就有记载。从公元前 4 世纪一直到公元 2 世纪，火葬成为了主要的葬礼方式。而从阿德里亚诺时代开始，土葬开始流行，至公元 3 世纪成为主要的葬礼仪式。火葬由特定人员执行。既可以在葬礼现场，把死者遗体放置在装有荆棘和木头的池子焚烧，以便当场收集骨灰。也可以在叫做火化场的地方进行焚烧，之后把剩余的骨头和骨灰放入骨灰盒中。骨灰盒的原料可以是大理石、石头、陶土或是玻璃，上面刻有死者的名字。人们还把死者生前珍视的物品，以及美食和鲜花一起放入焚烧。收集好骨灰后，人们就可以把骨灰盒下葬，并于其上树立墓碑。或者也可以把骨灰盒放入特殊的安置处，这样的做法更为普遍。骨灰安置处通常是地下葬礼纪念堂，建在城墙外边，或沿着城市远郊的道路而建。纪念堂属于特定的家族或是殡葬机构。在共和国时期，殡葬机构可能属于相同的政治流派，或从事相同的工作。他们每个月支付一定费用以保证体面的葬礼。有的纪念堂可以容乃上千个骨灰盒，纪念堂的墙壁上有很多排列整齐的小壁龛，用于存放骨灰盒。有的壁龛装饰豪华。

在公元 2 世纪中期，土葬和火葬的葬礼方式有所变化。人们在骨灰放置处的壁龛旁边进行土葬。这种土葬方式与古罗马世界基督教化联系密切。富贵人家开始使用大理石制成的精致石棺。相反，社会地位较低的家庭则用瓦片制作坟墓；对于夭折的孩子，人们使用酒罐的碎片，甚至直接把尸体放到公共墓穴里。

人们在特定场合纪念死者，包括个人纪念日，比如诞辰；还有公众纪念日，比如二月份的祖灵节和五月份的大地节。为葬礼服务的工作人员必须遵守非常严格的法律法规：如果不是工作需要他们不能进城。进城后他们必须戴上特制的帽子以表明身份。

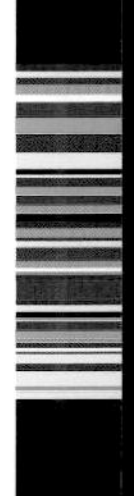

1 贞女塑像

大理石
121 厘米，宽 71 厘米，厚 48 厘米，重 800 公斤
罗马，圣女之家，古罗马广场
罗马国家博物馆，编号 639

这雕像是矗立在巴拉地诺 (Palatino) 山丘上圣女之家里的众多雕像中的一尊，其原型是女祭司（贞女）玛西玛 (Massima)。这位伟大的女祭司是专门负责守护火社神庙 (Tempio di Vesta) 的永恒之火 (ignis perpetuus) 的。圣女之家中的雕像中所呈现的形象（都对应着真实的贞女），都是由大祭司通过特殊的仪式从一群 6–10 岁的妙龄少女中挑选出来的。被挑选出的贞女们必须体态完美，履行期长 30 年的女祭司职务。任职期间，她们必须严守贞节，否则将会受到活埋的刑法。相应的，这些贞女们能够享受很高的特权，她们还会参加很多重要的祭祀活动。

雕像中的形象非常逼真，可以看出她披着一件长袍，并在胸下紧紧地束了起来。衣服的袖子在折起处紧紧地系住，一件宽大多褶的外套（披风）盖住了整个肩膀，一直延伸到左前臂的部位。

从雕像的头部和双肩我们可以明显地看出这些人物的身份特征：实际上，这些贞女都是嫁给神，或者说是教区主教的女人。她们身穿特别的服饰，面部围着白色的面纱，她们的肩上还裹着一种名为 "suffibulum" 的斗篷，这种好像一件短披风似的衣物用一种特殊的小型玫瑰形的扣子系上。她们的头上还带着一条特别的羊毛制成的头带，区别于主教所带的拥有六个角的头带 — "主教冠带 (infula)"。贞女们的头发由头顶中间处分开，为了不被树枝刮乱或被小树挂到，她们的头发会梳理得非常平整。中间凹陷，两边微微隆起的发式被认为格外优雅，在"大福斯蒂娜 (Faustina Maggiore)" 时期非常流行。两撮微微弯曲的鬓角整齐地分布在耳朵的后侧，使整个脸部更显得庄严而圣洁。脸部明暗交替的线条表明这位女祭司不再年轻，修长的眉毛、深深凹陷的双眼和不带一丝微笑的嘴角，表现出贞女朴实和严肃的性格，这就是她们最为典型的形象 — 特别是在贞女地位最高的 "大福斯蒂娜 (Faustina Maggiore)" 时期，也就是公元 2 世纪中叶。

这种修饰雕塑的方法源自希腊，被称作 "赫拉巴贝里纳 (Hera Barberini) 风格"，它诞生于公元前 5 世纪的后半期。这种风格在 "齐亚罗蒙蒂博物馆 (Museum Chiaromonti)" 的一座小雕塑（第一篇 (Amelung) 第 421 项 (n) 第 585 页 (p) 第 61 款 (tav.)）和 "比娜花园 (Giardino della Pigna)" 中的 "幸运女神 (Fortuna)"（第一篇 (Amelung) 第 113 项 (n) 第 852 页 (p) 第 102 款 (tav.)）中表现得最为明显。

玛丽亚·安东尼塔·托美 Maria Antonietta Tomei

参考书目：
B. M. Felletti Maj，罗马国家博物馆 (National Museum Roman)，第一肖像画 (Ritratti I)，罗马 1953 年，第 214 项，第 110 页；罗马国家博物馆，第一雕塑 (Sculture I)，第 165 项，第 269 页。

2 刻有德卡斯蒂洛式神庙的浮雕

半月形白色大理石
高 106 厘米，宽 136 厘米，厚 24 厘米
来源不详
罗马国家博物馆，编号 165

据资料记载，该浮雕大约于十六世纪开始雕凿，在十九世纪的文献资料中有过各种不同的描述，并多次易主，在古罗马城中流传，后来被国家博物馆收藏。如今在博物馆一层的展览大厅中陈列。

历史上这块浮雕曾被分成了两个部分，除了今天我们再次介绍的这个部分之外，还有一块厚重的大理石板部分，上面刻画着许多鲜活的人物形象。浮雕的这一部分如今收藏于梵蒂冈博物馆。

今天我们要向您介绍的这块浮雕上刻画着一座神庙，很像是德卡斯蒂洛式神庙。神庙由 5 根科林斯式（corinzie）的圆柱支撑，柱子像鱼骨一般整齐地依次排开。在建筑的左半部分还呈现出一个明显的标记，就是靠近屋顶处的伊索多玛（isodoma）式的围墙（呈平行六边形的小块）。建筑的中央是神庙的大门，大门分为两扇，半开着。房顶之下是一条横梁，两边带有成锯齿状的花边修饰。神庙顶部正中两条斜边由一连串的花纹装饰，和齿状修饰的横梁（中楣）、突出的支架、花叶状平纹修饰（棕叶和莲花的修饰图案交替出现）的硅镁带相连。 屋顶上铺着平整的瓦片和半圆形的酒杯状装饰物。

在山墙的空白处雕刻着一些源自古罗马的传说图画。正中央是西尔维亚公主（Rea Silvia），她正半躺着，一脸惊讶，因为也许是乘她熟睡之时，战神（火神）马尔斯（Mars）从天而降（就是那个仅仅保存着一条腿和一支长枪的人物）和她结合，并最终诞生了建立罗马城的双胞胎兄弟。在她的左侧还刻画着一只母狼，它正照料着这对双胞胎婴儿，而拯救并抚养他们的牧羊人也在一旁。罗马城建立者的传说完整地刻画在这里。这一场景无数次地出现在与罗马艺术相关的纪念碑、雕塑、油画和装饰品上，它代表着罗马城和古罗马的起源，特别是在很多官方的艺术品中屡见不鲜，很多政府的宣传品、天主教会的艺术品和凡是涉及到罗马城的官方规划文案中都会有这个故事的影子。

有关这座浮雕更多地描述，还需要参照收藏于梵蒂冈博物馆的那一部分大理石板。那里记录了更多鲜活的人物形象和神庙支柱的前半部分。而今天我们在此介绍的这一部分上（除了罗马城建立的传说），只留有一个人物，那就是罗马皇帝图拉真（imperatore Traiano）。

对浮雕上神庙的原型一直还存在着争议：比较传统的推断，也是受大多数人公认的是，认为这是维纳斯和罗马神庙（Tempio di Venere e Roma），推断的依据是浮雕的背景层式法（Veils）是自公元 135 年安德里亚诺皇帝时期（imperatore Adriano）的风格，也就是典型的德卡斯蒂洛式神庙，并且刚才提到过的有关罗马城起源的刻画也十分符合安德里亚诺皇帝时期的政治风格。到了特拉亚勒奥时期（Age Traianea），浮雕中刻画的人物外形风格就发生了明显的改变。例如特拉亚诺广场（Foro di Traian）就有众多这一时期（特拉亚勒奥时期）的典型雕塑作品，它们的风格（和今天我们介绍的浮雕风格）有明显的差别，人物特征和形象也有显著的不同，多半以罗莫洛（Romolo）— 这位有着战神血统的罗马城的建立者之一的英雄形象为主，这一时期的许多庙宇上都有以他形象为主的雕刻。第二种观点认为，今天我们介绍的浮雕中描绘的场景是位于奎里纳勒山（Quirinale，罗马七丘之一，罗马城依七座山丘而建，这一座曾是教皇宫殿所在，现在改为意大利皇宫）上的基迪斯弗拉维亚神庙（Templum Gentis Flaviae，黄金神庙），它曾在弗拉维皇帝（emperors Flavi，黄金皇帝）时期被重新修葺，特别是在多米迪安（Domitian）时期（公元 81–96 年），神庙上添加了罗马城起源的传说雕刻。还有第三种观点认为，它是罗马的卡丕那城门（Porta Capena）附近的格拉蒂夫火神庙（tempio di Marte Gradiv），这座神庙修建于克劳迪亚时期（Age Claudia），浮雕中西尔维亚公主（Rea Silvia）的形象很符合当时的风格，在卡丕那城门附近的阿皮亚大道（Via Appia）也有一幅公主面对战神表情吃惊的壁画，和这座浮雕上的如出一辙。

这座浮雕，以及它那些残缺的部分都是十分重要的文物资料，它们很好地反映着罗马帝国时期的建筑风格特点，作为记录当时宗教仪式和祭祀活动的重要载体，它们也是一笔伟大的公共建筑财富。

瑞塔·帕里斯 Rite Paris

参考书目：

Ambrogi A，罗马国家博物馆，雕刻作品，A. Giuliano 整理，罗马 1985 年，I, 8, II, 22, 104–108 页（同上一项参考书目）；M. Torelli，“弗拉维时期城市空间和皇家仪式（Culti imperiali e spazi urbani in et ὰ flavia）”。“从哈特维浮雕到提托拱门（Dai rilievi Hartwig all’ arco di Tito）”，Urbs。“城市空间和历史（Espace urbain et histoire）”，CEFR 98, 1987 年，563–582 页；R. Paris，“哈特维的礼物（Dono Hartwig）”，于罗马和“安娜堡（Ann Arbor）”第一版和再版。

根据基迪斯弗拉维亚神庙（Templum Gentis Flaviae，黄金神庙）的假设，罗马 1994 年，33 页；F. C. Albertson，“克劳迪亚时期浮雕历史资料中表现的一座奥古斯都神庙（An Augustan Temple Represented on a Historical Relief Dating to the time of Claudius）”，in AJA XCI, 1987 年，441–458 页；R. Cappelli，“战神、西尔维亚公主和双胞胎的诞生（Marte, Rea Silvia e la nascita dei gemelli）”，罗马。罗莫洛（Romolo）、勒莫（Remo）和罗马城的建立，目录册，罗马 2000 年，235 页。

3 科尼利厄斯 · 普西奥头像和荣誉碑文

青铜
头像高 48 厘米，碑高 70.5 厘米，长 47 厘米；字母高 3.2–4.2 厘米
框架长 83 厘米，宽 13 厘米，平面高度 6 厘米
罗马，奎里纳勒山 (Quirinale)，十一月第四大街 (via IV Novembre)，坎帕纳里宫殿 (Palazzo Campanari) 底部
罗马国家博物馆，编号 48134–48135

1891 年，在坎帕纳里宫殿（Palazzo Campanari）建设期间，人们从国家大道（via Nazionale，宫殿的施工现场，如今更名为“十一月第四大街”）底下发现了很多头像雕塑和碑文的碎片，这些碎片最后出现在古文物交易市场上。实际上，最早发现并报道这些文物碎片的是一位古文物爱好者 — 波尔吉（Borghi），他在巴贝利尼（Barberini）广场发现了这些文物，当时它们被混杂在许多古玩碎片之中。这座头像碎成了 4–5 片，还附有若干片碑文碎片。在当时已有的文物修复技术基础上，头像和碑文被重新粘合。碎片被放在一块大木板并用石膏粘补起来，然后它被放置在一个架子中固定起来，这件文物的绝大部分得到了复原，基本能够反映出其原貌。随后，这两件物品由埃里瑟欧 · 波尔吉（Eliseo Borghi）先生捐赠给了博物馆，并在博物馆中展出。到了 1979 年，这两件复原的文物重新开始出现破损，尤其是碑文的部分一直没能彻底复原，铜质头像的部分地方开始褪色，承载粘合的石膏板也开始脱落。于是新的一轮修复工作开始了。和往常一样，铜像将放置到一块新的石膏板上进行重新粘合，并依然用框架的结构将其固定和装饰，然而这次的修复工作更加精细，铜像细节的部分也修补得更加完整。这次修复工作综合了众多专家的意见和辛勤劳动。然而，碑文的复原结果并不理想，在三块不同的破损位置中有两块无法找到合适的拼合，文字部分无法辨认清楚。经过再次对石膏底板的检查发现，碑文的整体框架可能有误，只好将原先粘合的部分进行小心地拆除。在重新确定碑文的外形和轮廓后，决定不再使用传统的石膏粘合法，而是将它在一块大石头上复原，这块石头和原来刻碑文的石头十分相似。在这块修复的石头上，对碑文的每一句话都重新进行修复，碑文的底部采用石刻的方式进行修复，邀请专业的石匠协助完成；碑文表面的部分用木雕法修复，由木工专家协助完成。通过多方的合作，修复工作终于顺利完成。

除了对文物碎片进行处理和修复，修复工作对外部框架也作了细致地调整，从各种不同的尺寸和装饰中挑选出了最适合的框架和修复品相匹配。最后挑选出的框架带有环状半圆形线条、凹圆线脚、环状半圆形图案，在结尾处有平滑的柱带（柱头加轮形装饰）遍布整个轮廓。在碑文文字外侧还配有特别的装饰线条，采用了多种装饰元素才形成今天所见的一连串的紫云英、“奇玛”三叶草叶片（kyma trefoil lesbio）、“奇玛”自然植物的叶片（kyma naturalistic lesbio）、“baccellature（植物名）”编织雕刻花纹。在碑文的角上添加了大量的“奇玛（kyma）”三叶草叶片，其中还参杂着许多棕榈叶图案。在碑文的长短句之间，还有一些细小的修饰。除了和边框一样的细小花纹外，还有两种花边：在前面的部分，用的是盛开的带有花瓣的“奇玛（kyma）”三叶草的小花，旁边还有交替出现的棕榈叶和带有 5 片花瓣和叶片的莲花图案。在另一边（与前部分相对），在棕榈叶图案中间穿插了一些类似莲花和一些风铃草花的图案。由于碑文轮廓框架的尺寸始终不太合适，因此想要完全按照原样恢复那些花边是十分困难的。花边的长度也是困难之一，为了保证（碑文中）最长的句子不和花边重合，互相遮盖影响，又要兼顾到花边的整体不被破坏，修复工作需要更加细致。虽然，现在我们还无法完全将所有细节都恢复到以前的样子，但在做出了一些细微的变化后，花边的修复顺利完成。因为受到内文和花边的诸多限制，碑文整体的轮廓很难完全合适，我们需要做出各种不同的母版，因此我们需要在不同的基础上进行尝试。对碑文文字的具体修复也是非常困难的，除了残缺的部分，其中还发现了很多出自其他碑文的碎片，经过古文物研究专家的鉴定认为，它们很可能是出自其他类似的青铜器纪念碑，也就是说在奎里纳勒山还可能埋藏着很多这样的文物碎片。

这座青铜头像应该是一座完整的人物雕塑的一部分。它生动真实地再现了一个成年男子外在的威武与坚毅，形象栩栩如生。头像中的人物面部宽阔、两条弯弯的眉毛精致大方，鼻子笔直坚挺。他的双眼，闪闪发光，引人入胜。这一人物最大的特点在于，他的下颚棱角分明，脖子犹如公牛一般粗壮有力。他的头发也刻画得十分精致，有很多刘海组成，头发的线条特别有层次感，大致可以分为两个连接得非常和谐的部分：第一部分是雕刻出的几屡形态各异的长而细的线条，这些线条均匀分布在头部前额的两侧，纹路整齐，分叉处的线条流畅；再加上几屡随意散落得较短的头发，使人物形象更加生动。

从这座雕塑的诸多特征我们可以发现，它传承并重现了朱利奥－克劳迪亚（giulio—claudia）家族的风格特点，特别是旷阔的前额上两屡刘海的分叉样式是典型的奥古斯都（Augusto）发式风格，不过，这座头像还融会了另一种雕塑风格，这种风格以一座古罗马暴君尼禄（Nerone）年轻时候的雕像为代表，被称做"卡利亚里（Cagliari）风格"。这种现实主义的雕刻风格在尼禄时期曾非常流行，包括比较著名的"科尔布罗勒（Corbulone）雕像"。

碑文共有8行，在精心的研究与细致的修复之后，所有的文字都被复原。原文在拼写上有很多省略：例如，第1行中，只保留了"PUSIONI"中的字母"O"；并且以这个单词中的元音（末尾的"O"）结尾，并作为该句最重要的元音；第2行中，同样只保留了"CORNELIO"中的字母"O"；第3行中，被省略了一部分的单词"VIAR(UM)"中的"A"成了最重要的元音，并且在这一行开头出现的表示数字的罗马字母（IIII）上方的线条是连起来的。其他各行同样省略了很多单词的元音（和第2行、第5行的规则相似），文中出现的罗马数字都和第3行一样，上端的线条是连起来的。

碑文译文：*卢西奥 · 科尔利厄斯 光明的儿子*

加勒里亚　　普西奥家族的荣耀

掌理城内公路事务四官员之一

罗马的护民官　"第十四双子星"军团的领袖

专员、平民的护民官、执政官、军团领袖

奥古斯都的第十六军团的特使

马尔库斯 · 维比乌斯 · 马尔切鲁斯

第十六军团 百人队的灵魂

在第6行中，还省略了"August(i)"的字母"i"。

据称，这段碑文是罗马第十六军团的百夫长M. 维毕乌斯 · 马尔切鲁斯（M. Vibius Marcellus）所写，用来歌颂L. 科尼利厄斯 · 普西奥（L. CORNELIUS PUSIO）的。被歌颂的这一人物在很多历史资料中都曾出现过，它的全名是L. 科尼利厄斯L. f. 加尔 · 普西奥 · 安尼乌斯 · 梅萨拉（L. Cornelius L. f. Gal. Pusio Annius Messala），他被称做"加德斯（Gades）"，曾是古罗马元老会议员。接着碑文描述了他的丰功伟绩，他最初是驰马扬鞭于沙场的将领，后来成为了"二十六人团（Vigintisexvir，古罗马共和时期的一个官僚团体，包括：三人掌理刑狱事务[triumviri capitals]，三人掌理货币事务[triumviri monetales]，四人掌理城内公路事务[quatuorviri viarum curandarum]，两人掌理城外公路事务[curatores viarum]，十人委员会制定法律，以及四位官长[praefecti]，派至康培尼亚[Campania]去执行法律）成员之一。担任其中的"四人掌理城内公路事务（IIIIvir viarum curandarum）"的一位官员；然后，还成为了罗马城市建设的管理者，掌管着大大小小的街道和建筑；随后他又被委派到外地，执行各种军事任务，他还担任过地方护民官和古罗马"第十四双子星"（legion XIIII gemina）军团的领袖，当时正值公元61年，古罗马军团更名为马尔蒂亚 · 费利克斯（Martia Felix）。当他再次回到罗马之后，按照晋升体系（cursus honorum，直译为"荣耀之阶"，是指一名罗马官员的职业生涯中按次序担当的官职），他担任罗马官员，也是古罗马元老会的成员之一。同时他还担任了如今相当于警察总长的职务，并由贵族和元老会共同挑选出来担任护民官。到了公元54—56年，他再次作为古罗马奥古斯都第十六军团的特使（legatus Augusti）离开罗马；相传他再次归来时，骑着一匹有翅膀的神马（Pegasus，圣加伊乌斯（Gaius ）1，31； 2，254），并受罗马皇帝维斯帕西亚诺（Vespasiano）的重用，得到了令人满意的领事（suffectus）职位，这时已经到了大约公元70—71年。公元90年，他那和他同名的儿子（不好的表现）曾一度让他十分苦恼，不过最后他还是带着欣慰离开了人世。为了考证这个人物所有特点的真实性，我们特地参照了安尼乌斯 · 佛斯杜斯（Annius Faustus）、Q. 科尼利厄斯 · 瑟勒齐奥 · 安尼亚努斯（Q. Cornelius Senecio Annianus）和M. 安尼乌斯 · 梅萨拉（M. Annius Messala）有关他于公元69年在参议院中的一些资料。

和这些名号一样，他的丰功伟绩得到了众多古罗马军团百夫长们的证实与肯定。因此，他每一次从外地返回罗马时，他的地位就会提升一大步，当然，他的威望也不断提升（公元55年—?）。这座珍贵的铜像很可能就是一座纪念他伟大功绩的雕塑的一部分，碑文的碎片也可能是雕塑的配套物件之一，因此碑文（在其他地方发现的）很有可能和头像一样，都出自普西奥（Pusio）之家。

然而，碑文确切的发现地是在多姆斯（Domus），但是经过精细的检查发现，碑文的轮廓和多姆斯（Domus）出产的其他文物风格不太一致。碑文的特点也和许多在此出现的纪念碑的配套碑文不协调，例如和"普西奥勒（Pusione）"（的碑文）就相差很远。不过，尽管碑文的很多特点看上去（和头像）十分一致，但是经过检查又发现刻制碑文的大理石板过于单薄，似乎不足以承受完整铜像雕塑的重量，作为复制品或仿制品的可能性也十分小。因此，头像和碑文是否出自同时同地还存在一些争议与疑虑。但是，碑文和头像从严格的时代排列角度来看是非常一致的。当然，这些刻在荣誉碑文上的功绩符合人物的特点，也是绝对真实的。

罗珊娜 · 弗里吉里 Rosanna Friggeri

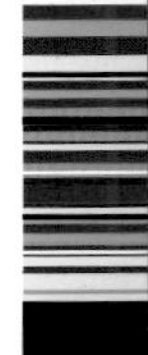

参考书目：
罗马国家博物馆中的安娜 · 劳拉（Anna Laura Cesarano in Museo Nazionale Romano）雕塑 I，9，1，R 109，pp. 151—152；CIL，VI 31706 = 37056，cfr. p. 4777（同前参考书目）

4 酒神狄奥尼索斯（Dioniso）雕像

白色大理石
高 56 厘米
蒙大拿（Mentana)(罗马附近)，罗米多利奥（Romitorio）大区（1921 年），编号 78279

狄奥尼索斯（Dioniso）是希腊众神之一，他的名字经常出现在很多的诗歌作品中。这位神的形象通常有两个（双重形象）：一个是年轻的男子形象，另一个是长满胡须的老者。在早期作品中，酒神通常是作为一个长满胡子、拄着拐棍的老者形象出现的。这个老酒神形象经常会出现在很多面具上。然而，作为酒神，年轻男子的形象更多被人所接受，这归功于在帕特诺勒（Partenone）中，这个形象被细致的描述过三次，并且在希腊悲剧诗人欧里庇得斯（Euripides）笔下的酒神女祭司（Baccanti）（公元前 406 年）中也有形象地描绘。

在此之后，酒神的这个形象广为流传，之后更常常出现在各种绘画作品之中。在这些绘画作品中，他的身边还常常会伴有希腊神话中半人半兽的森林之神（satyrs）和酒神节的女祭司（menadi），不过他的这两个伙伴常常代表凶残、暴躁的人。雕塑中酒神的形象十分精准、生动，很多细致的地方也惟妙惟肖，例如他身上佩带的葡萄藤叶和携带的古罗马皮盾（cetra，非罗马人使用的）、酒神杖（tirso，传说由酒神女祭司所执，顶端为松果形）、酒杯和其他盛酒的容器。这件雕塑中，酒神的形象十分生动。其中酒神狄奥尼索斯轻轻地向左边倾斜，他用左手倚在一棵断掉一半的残树上，树的旁边还围绕着葡萄树的叶子；在右边，他的右手放在腰间，但却被折断。他的左腿微微弯着，右腿稍微直立，从另一点支撑着身体，好像一只蜣螂（kantharos，一种昆虫）。这位酒神全身赤裸，只在肩膀上系着一条黑色的带子；他的表情十分甜美，好像还做着一个好梦，他的头发很薄，被常青藤捆着，由葡萄树的藤捆成一束。他的头发全部被一条带子束在眼睛上面。

这种同样的形象在罗马非常流行，在很长的时期内，被不断大量仿制，图解也重复出现；很多人在仿制之后，还自己给雕塑命名，其中最有名的是马德里（Madrid），他还给予了这个酒神形像特殊的类别命名，它源于公元前四世纪的创作。许多细微的设计都源自这一时代，例如，希腊雕塑家派瑞赛特斯（Praxiteles）的作品就深受其影响。

这种神灵裸体的形象一度十分流行，很多相关作品中都沿用这种风格，对于那些有经验的古玩爱好者，它是判断雕塑制品优劣的一个重要标准；其次，与很多精致细微的装饰元素结合也是非常重要的，这也是古罗马时期文物复制品的一种典型特征和品位，它显示了古罗马时期高超的艺术技巧。这一特征在安德里亚勒时期（age adrianea）和安东尼纳时期（age antonina）雕塑制品和资料中都很容易发现。

玛丽亚·安东尼塔·拖美 Maria Antonietta Tomei

5 药神埃斯库拉皮奥（Asclepio）塑像

白色大理石
高 66 厘米
科尔切里亚诺博物馆（Museum Kircheriano），编号 67563

埃斯库拉皮奥（Asclepio）是一位与太阳神阿波罗（Apollo）关系密切的神，他掌管着医疗之术，是医药之神，还负责守护为祈求健康进行的宗教仪式和特殊的神秘仪式的场所。他是一位晚期出现的神，并没有列入希腊神话众神之中。因此，在很多依希腊神话人物形象所制的钱币中并没有这位神灵的形象。

在这里出现的埃斯库拉皮奥的形象是他较为传统的形象，他身穿一件长长的被称做"大长袍（himation）"的外衣，外衣从肩部披下，遮住胸部，再到腹部，一直到脚踝。一条平行于腰间的绒布衣褶和肩部垂下的粗糙厚实的衣褶垂直交织在一起。他的右手握着一个圆筒形的东西，而左手倚着一个粗短的棍子。我们在这里看到的是这位医药之神的传统形象，他长着浓密的胡子，长长的头发用一个环状发饰束起，展现了一个典型的老医生形象。看上去他显得有点累，他似乎正在为备受疾病折磨的人们所苦恼。

埃斯库拉皮奥塑像雕刻于公元前 5 世纪，一些学者认为作者是希腊雕刻家米罗内（Mirone），而另一些学者认为是卡拉米斯（Kalamis）。我们今天所看到的这座雕像有可能是仿制的，但也是依照原型而仿制的，做得非常精细，雕塑大部分的细节都清晰生动。不过，似乎雕刻者在作品中融入了其他资料中对该神的介绍。

玛丽亚·安东尼塔·拖美 Maria Antonietta Tomei

参考书目：
没有正式出版 Bonanni, tav. XIV, 1

6 来自柏林的仙女雕像

白色大理石
高 177 厘米，宽 63 厘米，厚 31 厘米
罗马国家博物馆，编号 516584

作为二战时期被纳粹德国掠夺的文物，这件作品于 1999 年归还给意大利。

作品的比例和真人相似，是一名女性形象，人物穿着束腰大衣，身披斗篷，不过雕像手臂的大部分都已经损毁。一条腰带被雕刻在人物的腰间，向右下方延伸。人物身着一件没有任何装饰物的束腰大衣，大衣从左肩垂落下来，露出左乳，由于大衣的质地轻薄，女神的体态被勾勒了出来，特别是腹部和腿部。一件宽大的斗篷本来是应该搭在右臂上的，遗憾的是这部分已经损毁了，不过在右肩上可以看出斗篷上的一个明显的褶皱。

脸部是作者着力表现的部分，深邃的眼神，大大的眼睛和丰满的嘴唇，人物的头发被一个小装饰物束在了一起，不过我们仍能清楚地看到女神头上戴了一个花冠。

克劳迪亚·玛瑞娄 Claudia Marino

参考书目：
波尔达《帕蒂代尔斯派》，1953 年版，第 217 页；
圭尔利尼《肖像风格研究》，1959、1960 年版，第 403 页—419 页；
古里尼《古典肖像》，1953 年版，第 138 页；
帕里斯《古文物》，1995 年版，第 25–27 页；
帕尔马《收藏历史》，1983 年版，第 157 页 –169 页；
比格兹《阿弗洛蒂忒》《雕塑》，1991 年版，第 233 页 –235 页。

7 来自台伯河的女性头像

大理石

高 27,5 厘米，重 34 公斤

罗马国家博物馆，编号 573

这尊雕像是一位少妇的头像。她的头微微向左侧倾斜，眼睛也略微转向左侧。这尊少妇头像的发型十分饱满丰富，由一个个螺旋形发卷紧密排列而成，发卷遮盖了少妇的前额和耳朵。其实，这些头发是假发，它很好地固定了少妇的头发。这种发式流行于弗拉维王朝时代，这件来自台伯河的女性头像很容易让人联想到提图国王的女儿朱丽娅。

瑞塔·帕里斯 Rita Paris

参考书目：

罗马国家博物馆；

朱里亚诺《雕塑》，1987 年罗马出版，第 203 页 –205 页。

8 绘有阿波罗和达芙尼的镶嵌画

白色石灰石和黑色圆卵石
除去边框的尺寸:106×115 厘米，重 600 公斤
罗马国家博物馆，编号 106433

根据奥维德《变形记》里的描述，达芙尼是一位美丽的仙女，出于对她的爱恋，太阳神阿波罗疯狂地追逐她，就在阿波罗正要追上她的一瞬间，达福尼向她的父亲，河神珀纽斯求助，为了摆脱阿波罗的纠缠，珀纽斯把自己的女儿变成了一棵月桂树。虽然这个故事有不同版本，但是内容上都大同小异。

镶嵌画的背景色是白色，而场景中的两个人物则是用黑色的圆卵石拼成的，位于场景中左边的是阿波罗，左手拿着一把弓，正要奔向达芙尼。右边的是达芙尼，体态丰满，她把脸转向右边，这幅画表述的正是她变成月桂树的那一刹那，腿以下的部分已经变成了树干，而树枝正从她的手臂和头上生长出来。

画面右边边缘的两个弧形可能是表示植物的藤蔓，而人物下方的黑色线条是表示影子，以突出整个画面的立体感。整个画面的特点体现了罗马帝国时代的艺术创作风格。

玛丽亚·安东尼塔·拖美 Maria Antonietta Tomei

9 罗马剧院模型浮雕

大理石
高 30 厘米，宽 72 厘米，厚 18 厘米，重 110 公斤
罗马国家博物馆，编号 520

这座浮雕是剧院场景的模型，中间是一扇镶嵌在墙壁上的半圆形大门，在大门两侧是同样形状的两扇小门，在两扇小门的两侧是四个支架，据推测这些支架是用来摆放画桌用的。根据维特鲁威在他的名为"建筑"的作品里描述的，"这种布局是为了使整个场景看起来具有皇家的气派，并且左右两扇小门是为客人而设计的，因此被称作宾客之门。"在大门两侧均匀地设计了两段由八根具有科林斯式柱头的圆柱支撑的拱廊式造型，每段造型均有两个小拱和一个三角形构成，模型的筑墙还有大量的矩形造型。整个场景由一个屋顶覆盖，屋顶上布满了玫瑰花饰，其中在屋顶正对大门的地方有一个圆盾形造型，其上雕刻着一只鹰。

这座罗马剧院模型浮雕与一些非常有名的剧院建筑以及我们见到的一些剧院场景非常吻合，比如在公元前 18 世纪由阿克里巴（Agrippa）建造的西班牙梅丽达（Merida）剧院，再比如维罗纳、庞贝和埃尔克纳罗剧院。这座罗马剧院模型浮雕创作的确切日期可以上溯到帝国时代，也就是从公元前一世纪到公元一世纪。出现在罗马的石质剧院建筑起源于共和国时代（公元前一世纪中期），他们不同于意大利其它地区的剧院建筑。在先前，剧院表演是根据条件的变化即兴表演的，随着时间的推移，剧院场景的设计变得丰富而富有变化，引入了圆柱、凹面和塑像的造型。

由于缺乏这座模型浮雕出处的记录，因此对于人们来说，真正了解这座浮雕的用途就很困难了。根据一些浮雕上剧院的元素推测，这座模型浮雕可能就是一座建筑的模型，或者是一位戏剧人员为供奉迪奥尼索（Dioniso）这个剧院之神而准备的。但是从模型浮雕屋顶的花环花饰来看，也不排除这座模型浮雕的祭奠用途，有可能是镶嵌在一位终生从事戏剧事业的人的墓碑上的。

瑞塔·帕里斯 Rita Paris

参考书目：
里达·帕里斯，罗马国家博物馆；
朱里亚诺《雕塑》，1981 年罗马出版，第 213 页 –215 页；
里达·帕里斯《古代剧院面剧》，1990 年罗马出版，第 54 页。

10 奴隶的喜剧面具

白色大理石
高 70 厘米，宽 55 厘米，厚 30 厘米，重 320 公斤
罗马国家博物馆，编号 38842

这是一个在戏剧表演中奴隶喜剧面具的复制品。这种面具是用木头、帆布以及轻质材质制作而成，因此，至今没有一个这样的面具被保留下来，但是从这个复制品精湛的复制工艺来看，我们仍然能够了解这个面具所反映的东西。此外，公元二世纪的学者朱里奥 · 波乌切在著作中谈到面具的种类时谈到了戏剧的种类：悲剧、喜剧和林神剧。

奴隶的戏剧面具是新喜剧中奴隶面具的一种，他的面部表情也与朱里奥 · 波乌切谈及的奴隶面具的特点"红色的头发、紧皱的眉头"十分吻合。在这个面具中，我们可以看到人物的头发向后面拢起；胡子很有规则地分布在嘴边，形成了贝壳的形状；眉毛紧皱在额头中间并向太阳穴两边延伸。人物紧皱的眉头和他的面部表情反映出其不平静的内心世界，这符合了梅南德龙（Menendro）和古希腊全盛时期的新喜剧要求反映个人内心世界的特点。面具的表面有一个很深的洞，这是为了安装金属材质的轴而准备的，这样可以将面具固定在墙上作为装饰而用。

奴隶的戏剧面具和其他藏品一起被保存在罗马国家博物馆里，这些收藏品可能都是来源于安德烈皇帝的别墅中。还有一些与此类似的藏品现存于罗马的马尔切罗（Marcello）剧院中。

现在我们见到的各种形式和各种材质的面具更多表现了面具的象征和装饰作用，这些作用已经远离了当初面具在戏剧中的作用。在剧院中，面具一面是前人对于戏剧表演的预测，另一面是用来供奉迪奥尼索（Dioniso）这位象征着生命和寿命的剧院之神的。奴隶喜剧面具起源于公元一到二世纪。

瑞塔 · 帕里斯 Rita Paris

参考书目：
奇玛，罗马国家博物馆；
朱里亚诺《雕塑》，罗马 1981 年罗马出版，第 249 页；
里达 · 帕里斯《古代剧院面剧》，1990 年罗马出版。

11 角斗士浮雕

白色大理石

高 75 厘米，宽 123 厘米，厚 35 厘米，重 880 公斤

罗马国家博物馆，编号 126119

这件据推测造于公元前一世纪中期的角斗士浮雕，反映了角斗士之间的争斗场面。左边的两位角斗士属于同一等级的“挑衅者”，他们有着相同的衣着和武器：带着腰带的小短裤、左腿护膝、右胳膊的袖子、胸前的保护牌、保护头部和颈部的头盔，一只盾牌和一只短剑。最右边的角斗士装束与前两个相似，但是这个角斗士的装束相对简单，他只有腿部的护膝和一只比较小的盾牌。

这块浮雕仍然残留着一些文字记录。第一个角斗士已经没有任何记录了；第二个角斗士还残留着字母“IVL”，这表明他是属于鲁图思 · 伊鲁伊亚努斯（Ludus Iulianus，表明在共和国时代和儒略 · 克劳迪奥时代，这种角斗士是属于皇帝的第一等级角斗士），两个 V 表明五场战斗和五个花冠。字母还表明了角斗的结果，靠近第一个角斗士的字母 V 表明了胜利，靠近第二个角斗士的字母 M 表明了失败但是已经被恩赦，靠近第三个角斗士的字母 M 和 Θ 表明了死亡。

角斗士浮雕是这一题材浮雕的典型代表，在创作和构思上达到了很高的水平，在细节的处理和服装上都不同于其他的这一类浮雕作品。这可能出自一位颇有声誉的人的墓碑装饰。角斗士内容的浮雕起初都是用在祭祀典礼中，直到公元前 105 年角斗游戏流行于罗马人之中时，这类内容的作品才同样被用于一些特殊的事件中。被罗马人所推崇的角斗游戏，经过一系列的事件之后，终于从公元 404 年开始渐渐消亡。

瑞塔 · 帕里斯 Rita Paris

参考书目：
里达 · 帕里斯，萨巴蒂尼 · 吐莫莱斯，罗马国家博物馆；
朱里亚诺《雕塑》，1981 年罗马出版，第 225 页 –228 页；
帕里斯《图像、证据、表演》，1988 年罗马出版，第 123 页 –125 页；
博斯《浮雕》，2001 年罗马出版，第 335 页。

12 带小天使图案的石棺

白色大理石

箱：高 44 厘米，宽 53 厘米，厚 43 厘米，重 500 公斤；盖：高 25 厘米，宽 153 厘米，厚 43 厘米，重 400 公斤；总重 1000 公斤

罗马国家博物馆，编号 229694

在公元二世纪，由于宣扬灵魂永生和肉体死而复生的宗教理论渗透进社会各个阶层，石棺广泛普及。大量的罗马石棺是体现出罗马帝国中晚期有关国家与私人生活的巨大的史料，有重要的经济、宗教历史和文学艺术价值。

石棺是长方形的，只有正面有装饰，正中有两个英雄手托着盾牌，盾牌上刻着一个少女，其他所有长着翅膀、裸体的英雄对称地排列在两侧，担负着不同的职能：两个托着盾牌上面的花冠，其他的扶着长矛，还有的往肩上扛着羔羊，还有的牵着狗，等等。棺盖中间有一块用来写碑文的长方形石板。

根据石棺的尺寸一推测，它似乎是为一个少年造的，可能还未使用过。看起来缺少碑文，少女像刚凿出轮廓还未完成。

不管是天主教徒还是非基督徒都相信一种猜测，即死去的少年被看作是英雄，而且是长着翅膀的英雄。据推测该石棺造于公元三世纪中期。

玛丽亚·安东尼塔·拖美 Maria Antonietta Tomei

13 骨灰罐

白色大理石

木箱：高 23.2 厘米，宽 37 厘米，厚 27 厘米，重 35 公斤；盖：高 7.4 厘米，宽 37 厘米，厚 27 厘米，重 15 公斤；总重 50 公斤

罗马国家博物馆，编号 226098

盖子的样式为坡形屋顶，用金属铁钉从侧面固定并且和底座连为一个整体。在收入博物馆的时候它是密封的，里面放有 5 个香脂袋和一些特韦雷钱币（公元 14–17 年）。阿克罗代利只用较短的棕榈条装饰房顶的前部。在前部的三角眉饰，有个用钉子固定的皇冠，特别是在碑文的目录上有所记载。

在骨灰罐的前部，一面涂抹过漆的镜子占据了一大块地方，用两个钉子固定在两个三脚架之间，并且用剧院面具和支架球装饰。三脚架，可能表明对阿波罗的崇拜，不仅仅是因为它装饰在骨灰罐上作为葬礼的用品，还因为它比较普遍的被雕在天鹰座的右下方。皇冠，则是胜利永存的象征。

另外一个形象则以一种非常特殊的形式展现在镜子下面：一个眼镜蛇从一个有盖子的柳条筐钻出来，这是一种性标志，就像崇拜神灵的样子。在仪式上人们要转动第一个圆圈而不是第二个密斯提克器皿，来求神灵保护（例如冈帝娜 · 普罗克拉葬礼两旁的象征，西斯廷的女教甫，罗马国家博物馆，编号 125406；物件编号 34726）。应该记住的是伊塞德和奥斯利德的儿子奥卢斯，因为在希腊史上，他扮演着重要的角色，而且他们的性格和艾洛斯十分相似（参考书目：阿．阿尔斯兰编著的〝伊斯德的神话，奥秘，魔术〞出版城市，米兰，1997 年，25 页）。大量以性欲为基础的雕刻物，通常它的作用仅仅是葬礼上起到装饰的作用。

伊斯德的崇拜体现在喜爱或者反对罗马皇帝的绝对统治；引用刻在罐上的文字，他们在很多场合表现出来的冲动完全是主观的。公元 71 年马而作的统辖区，出现了维斯巴斯亚诺族（罗马帝国的硬币在英国的博物馆，伦敦 1936 年，189 页）。

在骨灰罐的边上，有一个盾和两个喷管的图案，起初和葬礼无关，但是在公元三世纪变成一种运用广泛的风格。

在整个版面内，以五行字的方式记载，虽然不具备针对性，但是每行结尾的词都具有代表性。标点符号的运用也是非常的讲究，体现出了足够的谨慎。整篇文章只有很少的修改（2 和 3 行）......

迪斯 · 马尼布斯

赛尔旺多

卡埃萨利斯

维斯巴斯亚诺，阿加索珀蒂亚诺

波苏伊特 · 斯潘登，卡埃萨利斯

宫索尔蒂亚努斯，贝内梅仁蒂

这个骨灰罐收集了维斯帕西亚诺皇帝的骨灰，是由他的仆人收集的，这都是皇室事先安排好的。

在过去，为了能够更明确地表现说话的意思，人们改变了书写的方式，而且还在宾语前加上动词。两个人的名字，两个姓，表明来自不同的国度，但是国王则不一样。

阿咯色帕的亚诺这个姓来自希腊，奥迪斯则不起源于此。塞范杜斯这个姓氏和阿格斯普斯姓氏后来才变得普遍，原因在于有些人并不认可，不愿意促进它的发展。依据不仅仅根据墓碑上的刻文，而是根据塞勒王多从他父亲的一封信（编号 26364）。

在骨灰罐上很少出现讲究的姓氏，特别是宫索尔蒂亚努斯．在母系社会只是女性的姓氏，在以后的年代才慢慢的普及（公元 1913 年）。并且宫索尔这个姓氏逐渐变得流行，证实了人们之前的一些假设。这些只在七处记载，而且被烙印在砖瓦片上（公元 1912 年，101 节）。

对于以获得奴隶为主的弗拉维亚家族，弗拉维亚和他妻子都曾在墓碑上题词（编号 18212，3522 页），但是没有足够充分的理由来解释骨灰罐上的东西。

本文的年代史是维斯巴斯亚诺王朝时期（公元 69–79 年）。

罗珊娜 · 弗里吉里 Rosanna Friggeri

14 普尔菲娜的彩色镶嵌画

大理石 石灰石

高 54 厘米，宽 196 厘米，重 535 公斤

罗马国家博物馆，编号 211603

在 1968 年 12 月，在 ACEA 的拉维查公路的挖掘过程中，在挖掘底部的一部分凝灰岩时，发现了一个墓室。后来，对罗马考古学研究院人士也进行了采访。在政府的一再要求下，这个地下坟墓才被重新修缮。关于地下坟墓的传说，有人认为可能由于过早的倒塌而废弃。那张关于古墓的图纸，呈不规则的四边形，尺寸 3×3 米，高 2.2 米，形成一个拱顶。在左侧墙壁内部，人们又发现了一个长方形墓穴，在这个长方形墓穴的盖子上，用马赛克很规整地拼着东西。

马赛克呈长方形的形状，向世人呈现着石碑的形态和内容。用 0.4–1.7 厘米的马赛克拼着，最小的碑文是 0.3–0.5 厘米。整个墓室外形是一个黑色为底的长方形框架（183×45–48 厘米），在内部的第二个框架是正方形，下方用红色马赛克涂抹。在几乎中部，框架上刻有碑文，靠有一个红黑色的高脚杯。还有一个白色的闪亮物和一个红色的装饰物靠在杯腿上。在高脚杯的边缘，有两个鸠面，用两个钉子固定。这只鸟的左边有一个黑色，红色和白色装饰物。这只鸟的两条腿，一条是黑色，另一条是肉色。它的右边是另一只用红色、白色、黑色、亮绿色、土耳其色和赭石色装饰的鸟，两条腿一条是黑色一条是赭石色。都用钉子固定，高脚杯随意地放在那里，并不对称。在左侧有一个分岔，用赭石色和不同的树叶装饰，有新长出的也有枯萎的，留下黑色，红色和赭石色的装饰物。在分岔的右面和左面的一样，起初都是由双排装饰，但都分开，用不同的藤条和不同的颜色（红、赭石、黑、亮绿色）在最后放了一些树叶。第一片树叶，从左边用赭石色，土耳其色和黑色；第二片用红色和土耳其色；第三片，在高处，用红色，赭石色和黑色；第四片，在中间，用赭石色，土耳其色和黑色；最后一片在右下方，用红色和黑色。

马赛克构成了一个对称的图案。由一些红色、粉色、亮绿色和天蓝色的装饰物编成的花环。在花环两侧相对地垂悬着蓝色和土耳其色的编织物，他们是用玻璃胶粘起来的。在花环的两边还吊着鱼，或者是海豚，他们是用红色、蓝色和赭石色的藤条编织出来的，并用玻璃胶粘在一起。藤条根据刻面的大小被插进，这也许是买家的特殊要求吧。在另一面（左面），有一个用马赛克拼成的规则的、特别的东西。它的形态是自然形成的，不像用黑白马赛克拼出来的色彩。特别不一样的，它是以动物的形态或者一些东西通过灯光的照射留下的影子，强烈地描绘出了标志性的东西。这对于基督徒来说，这种想法将有极高的价值。有生就有死，死后就是永生，每个人都是这样。鱼代表海，所以，鱼能够到达海能到达的地方。花环用来缅怀死去的人，人们可以在葬礼上常常看到。

基于对上述的考虑和与各种各样马赛克年代的比较，这种马赛克可能是半世纪前至公元三世纪的。

一个方型的框架，用红色装饰物来装饰。这些图案并不典雅，甚至有些低俗。

标点符号的作用就是来区分不同的音节。解释如下：

这段文字用表格向我们展示了语音学、音节学的一些特性。分音节的现象应该用斜杠来区分，这种方式在罗马只通过三次审定就被规定成官方的格式。以各种不同的单词作代表，发音时，鼻音在前。古老的词语也是在不断地发展演变，但是最终罗马政府要依据它在生活中的普及率，以及其他原因来确定是否规范它。

有些名字起源于古希腊，但是在罗马帝国时期也不断演变，是社会发展的产物，但是它们的起源都是拉丁语。

玛丽亚·特蕾莎·考拉迪 Maria Teresa Corradi

参考书目：

德·莱韦，福·莫萨伊克，在《东方经典古老艺术》，写于 1963 年，209 至 239 页。

杜八宾，福·莫萨伊克，在“东方经典古老艺术”，第二部写于 1971 至 1994 年，1995 年第三部，805 至 815 页。

贝尔蒂内蒂，蕾弗里亚，飞利浦尼，拉维查路：摩西坟墓（大约十四世纪），在“罗马公共考古委员会”，1986 年 2 月，1986 年罗马，772 页至 775 页。

15 坎帕那陶板

陶

高 50 厘米，长 65 厘米，重 8 公斤

罗马国家博物馆，编号 58192

陶板属于生产类烧制品，它的发明使建筑业有了一个质的飞跃，大约从公元 19 世纪开始受到考古学人士的青睐，从此他们开始探寻古老文化的起源，首先收集出版过的著作以及著名的个人传记，然后对年份和诸多特性展开研究，其中的佼佼者是收藏家乔万尼 · 彼得侯爵。

坎帕那陶板也属于生产类烧制品，它继承了埃特卢斯科的传统，大概在公元一世纪后半叶，和另一个物品一起共同在公元一世纪存在。那时的私人别墅、坟墓、生活用品，普遍都是用这种装饰物，而且成本极低，因此，它们在很长一段时间都占据着市场的主导地位。它们呈现出矩阵的排列，然后再用色彩手工描绘。

主题是神话题材，再加上罗马的传统文化，这就构成了一种特殊文化的起源，但是它却适应不同年龄段人的不同口味和看法，并使人们渐渐趋向这种文化。这块板用风景画的形式呈现在世人面前。在拱形的左侧是一个骡子拖着两个油罐，在后边是一个矮人用肩扛着一个框子。在正中间，在一堆水生植物之间有另一个矮人，作等待状，蜷曲在油罐上，看着油从罐子倾倒出来。

这幅尼罗河风景画，属于古罗马风格，展示了古罗马与古埃及的联系。整幅画面采用镶嵌工艺，它的价值不仅如此，还让我们领略到了古代艺术家在色彩变化上的造诣。整个平板用植物纹样装饰。整幅画的标注日期为公元前一世纪到公元一世纪。

瑞塔 · 帕里斯 Rita Paris

参考书目：

未出版资料。还参考了：罗赫顿、韦尼弗德等著《罗马考古发现》，1911 年柏林；特特雷拉著《关于坎帕尼亚大区出土的罗马共和国时期陶器和符号研究》罗马 1979 年。

16 骨灰罐

白色大理石
高 39 厘米，直径 27 厘米，含盖 88 厘米，重 30 公斤
罗马国家博物馆，编号 376944

骨灰罐，亦称骸骨堆，通常与土葬联系在一起，从古罗马一直留传至公元一世纪。由于留传着人死后残存着灵魂的说法，埋葬被取代。出于保护的目的，古罗马坟墓的骨灰罐，不论是大理石的还是石质材料，都有墓盖或是带锁。

这个骨灰罐是圆柱形的，上面镶有一个带边饰的未知碑文信签。在它的侧面，两个古希腊人物手持一个燃烧的火炬。骨灰罐其余的部分留有马梳刷的痕迹，而其内部依然留有烧后的骨灰。

圆锥形的墓盖和像门一样的未知碑文一起构成了圣堂类坟墓的建筑元素，特别是在像家一样的坟墓里，超出了英雄墓地的概念。

挖掘数据的缺乏，以及装饰元素的表面化，使得给坟墓确定具体年代变得很困难，但无论如何都应该不会是公元后的。

玛丽亚·安东尼塔·拖美 Maria Antonietta Tomei

17 角斗士头盔

铜质
高 41.8 厘米，内部深 44 厘米
公元一世纪下半叶（公元 79 年之前）
庞贝
那不勒斯国家考古博物馆，编号 5672

这个阅兵式使用的大型头盔是已经发掘的类似文物中质量最好的样本之一，不仅因为其保存完好，更因为其表面的装饰也完整保存了下来。该头盔还包括另外一个带波浪边纹的大顶盖，这个顶盖上有羽毛饰及活动的镂空小口以便士兵在戴着面罩的情况下呼吸。顶盖两边有安插羽毛的槽口。

顶盖的羽毛饰两边是一个浅浮雕工艺的橄榄枝和一些装饰元素，此外还附有当时流行的点状装饰用来和帽檐的装饰物相协调。这些装饰元素的主要形态是一系列规则的披针形树叶，图案沿着帽檐边的一条双股点阵线及一条波浪线展开。中央是角斗士的角斗场景并饰有作为胜利象征的棕榈枝。两个飞行形象的旁边是一把匕首以及桂冠。浮雕表现的是一些圣人的形象以及乡野的景色，两者呈左右对称，位于顶盖的两侧。顶盖的正前方是裹着狮皮的长须大力神形象。后方呈现的是一个男人正在从倒挂在树上的猪身上剥皮，下面安放了一个收集猪血的器皿。顶盖上方则是一棵枝叶繁茂的大树（可能是葡萄树），一个人正在树下拨弄锅下面的火，另外两个人则准备把猪投进锅里。其后的画面背景则是酒神像，一个孩子用头顶着篮子而大人则将水果扔进去，此外还有一个女性形象正在给两个男性斟酒。顶盖底部的图案则是一个男人正在向农神像（Priapo）献上动物；而在上方一棵枝繁叶茂的树下有两个人，其中一个正坐在一尊位于高岩上的雅典娜神像旁吹奏长笛。再接下去的画面则表现了圣餐的画面，画面上有各式各样饮酒用的器皿，在其中一尊可能是大酒坛的器皿下面有一些喝醉了的女性形象（Menadi），其中一个正在敲打手鼓。头盔前方面罩之前的位置则重复了同样的仪式画面，其中最小的两幅表现的是骑在海怪身上的小天神，画面周围环绕着点阵式的装饰图案。

玛丽亚·罗莎里亚·包瑞罗 Maria Rosaria Borriello

18 三蛇烛台

青铜
高 120.5 厘米，底座宽 22 厘米
那不勒斯国家考古博物馆，编号 109715

烛台由缠绕在一起的三条蛇组成，蛇尾从底部缠绕在一起。在烛台上部三条蛇的蛇身依然缠在一起，上面还有同心圆装饰的小盘子。小盘子架在一个杯状物，装饰着荷叶和荷花的图案。在烛台和底托之间连接着一个卷筒。

M.L.

19 三叶口水瓶

铜质
通高 19.2 厘米，壶口直径 8.5 厘米，底部直径 7.9 厘米
公元一世纪
艾尔科拉诺
那不勒斯国家考古博物馆，编号 68995

这尊凸肚水瓶运用了一个极有特色的瓶颈，瓶肩处有两道刻纹沟，瓶的把手经过特意加高处理，其上饰有 3 根边缘联结处覆有法衣形象的瓶肋。把手上面的装饰物是一只狮子半身像，而下部瓶腹处把手内部联结点的装饰物则是莲花中伸出的狮爪形象，装饰物的末端则雕刻了一些树叶以及一对螺旋圈。上述这些装饰雕于瓶身内部下方的一块圆形盾状物上，雕刻方法是浮雕。高脚瓶腿的外形是一个极为精确的圆，位于外侧底部的中间。

玛丽内娜·李斯塔 Marinella Lista

20 带植物装饰图案的油灯

青铜
长 20 厘米，高 14 厘米
那不勒斯国家考古博物馆

瓶口上的手柄装饰着交织在一起的叶子图案；手柄中部，叶子被带型图案分隔开。在手柄和瓶子内部的连接处，植物图案被三部分隔开。在上述三部分图案中间，凸现出一个带翅膀的希腊人物形象。

在瓶口处，长嘴型的顶端形成了手柄的连接处，向外弯曲的边缘装饰着植物的图案。环形的底部装饰着多个突起的环形饰物。

M.L.

21 方座双耳水瓶

青铜
高 51.5 厘米，最大直径 35.2 厘米
那不勒斯国家考古博物馆

22 保温食物容器

青铜
高 51 厘米，宽 43 厘米，深 43 厘米
公元一世纪
出土于斯塔皮埃附近的一座别墅
那不勒斯国家考古博物馆，编号 72986

这个容器主要用于食物和液体的保温。它的组成部分包括一个置于四脚平台（平台周围饰有狮爪）上的宽口瓶、一个由底向上变细的圆柱形容器以及一个边缘固定的装饰有小盾牌的瓶盖。

容器通过短管与双壁式半圆柱形加热炉相连。加热炉右边是一个狮嘴形状的阀门，用于根据需要加入热水。瓶盖的把手做成了宙斯的形状，前面是一个戴着喜剧面具的壁灯。加热炉壁上点缀着三只展翅翱翔的天鹅。水瓶上有三个水滴形把手，以便人们随时移动。

玛丽内娜·李斯塔 Marinella Lista

23 高卢南部的陶土杯

陶
高 8.5 厘米，直径 17 厘米
那不勒斯国家考古博物馆，编号 112919

24 高卢南部的陶土杯

陶
高 9.4 厘米，直径 19 厘米
那不勒斯国家考古博物馆，编号 112903

在陶土杯边缘和舌状边饰下面，上半部分是薄薄的边饰，底部是一条绳带。在下面，布满了叶子和玫瑰花的装饰图案。在每一个装饰图案下，又有鳞次栉比的树叶图案。装饰内部表现的是一系列垂直加长的叶子；高处是线状鱼刺的图案，而低处是一个花环。陶土杯的内部就像浴缸内部一样非常光滑。

环形底部的外围装饰着一个突起的环形物和一个中心点。

玛丽内娜·李斯塔 Marinella Lista

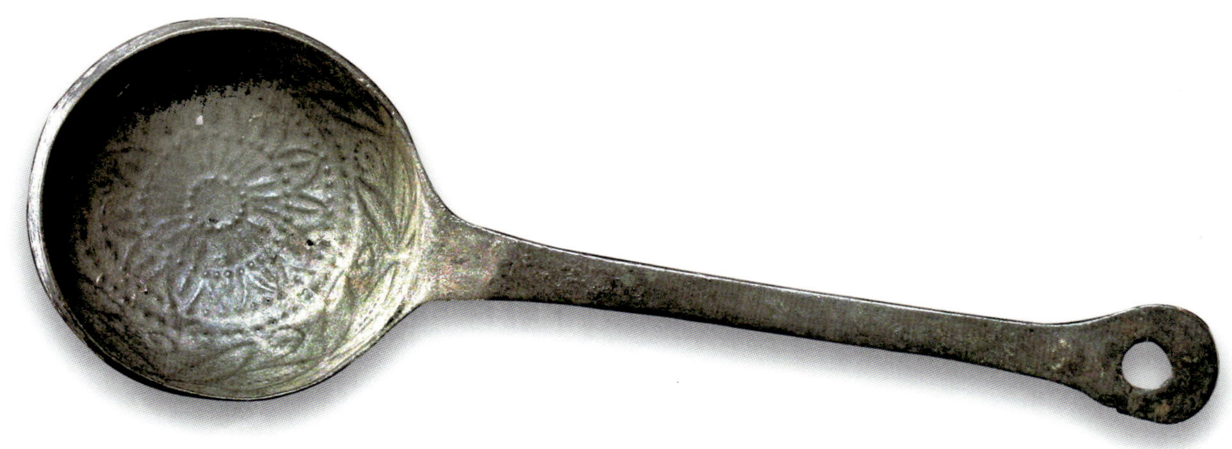

25 长柄水勺

铜质
长 32 厘米
公元一世纪
那不勒斯国家考古博物馆，编号 77635

这个造型现代的水勺拥有一根长柄，水槽则装饰得像一个小漏勺一般。

水勺顶部有一层薄板，富有特色的长柄尾部形成了一个半圆，中间有一个小洞。水槽底部的装饰理念来自于表现"在星星上的效果"，底部加以箔片，中间用同心圆加以分隔。

玛丽内娜·李斯塔 Marinella Lista

26 拉莱的小塑像

铜质
高 25.2 厘米，底部半径 8.3 厘米(5423 号)；高 25.1 厘米，底面积 7.2×7.2 厘米(5430 号)
公元一世纪(79 年早期)
艾尔科拉诺(5430 号)及庞贝
那不勒斯国家考古博物馆，编号 5423 及 5430

拉莱是家庭的保护神，这两尊塑像是他们代表性的形象——身穿短上衣、脚蹬野兽皮长统靴的年轻人，他们正在进行的是祭酒仪式。右边文物的底座边缘很光滑并饰有一些精细的装饰图案，塑像身穿用束带系紧了的短上衣。其前额的头带一直拖到颈部后侧，头带的下摆位置在他的肩上。他的头顶上是一个由葡萄、浆果以及羊角构成的花冠，看上去相当地枝繁叶茂。这个花冠和其他象征物一样都暗指了这个神明的特点。左雕像则没有羊角和祭酒器，他腿部的姿势强调了他正在进行欢乐的舞蹈，而这种舞蹈正是拉莱神的象征之一。

罗马时代每个家庭都会腾出一个空间（通常是门廊处）并作成神龛的形状，用于供奉一些有纪念意义的人物，也可以用来放置这类罗马时代的家庭神明雕像。

玛丽亚·罗莎里亚·包瑞罗 Maria Rosaria Borriello

27 玻璃骨灰瓶

水蓝色吹制玻璃

高 27.4 厘米，瓶腹半径 16.5 厘米，底座半径 11.3 厘米

公元一世纪

维苏威地区

那不勒斯国家考古博物馆，编号未定

该骨灰瓶的把手呈 M 形，该瓶外形为球茎形广口玻璃瓶，流线型瓶身。这是当时一种很普遍的骨灰瓶，外型多变，但都保留了成双的把手设计（M 形）。瓶子外侧底部的凹面非常明显。

这种类型的瓶子主要作为骨灰瓶来使用，在类似容器中已经有了很多发现骨灰或骨骸残片的例子。

玛丽内娜 · 李斯塔 Marinella Lista

28 细颈玻璃瓶

玻璃

高 23.7 厘米

那不勒斯国家考古博物馆，编号 118136

瓶子的底部略凹，瓶子的腹部呈圆柱形，在腹部略低的位置装饰有较深的槽口。瓶身是玻璃的，并且有两组水平平行的雕刻痕迹。瓶颈也为圆柱形，长且细，装饰的部分和瓶子的腹部相近，在它一半高度的地方有一些切刻出来的线条。

玛丽内娜 · 李斯塔 Marinella Lista

29 带盖双耳油瓶

铜质
通高 11.9 厘米，瓶口直径 2.7 厘米，底部直径 4.2 厘米
公元一世纪
维苏威地区
那不勒斯国家考古博物馆，编号未定

油瓶的形状较其他同类物品来说显得长一些，瓶肩更宽更圆滑并沿垂直方向向下逐渐变小。短短的瓶颈上有一个狭窄但又非常吸引人的瓶口，略微高出瓶肩。瓶肩部突出的与瓶柄相连的边缘部分经过了整边处理，装饰有一些植物的图案。瓶柄的内部插有两个小环，环上挂着两根双股线小链条。其中一个小环与瓶上的小瓶盖连在一起，所谓的小瓶盖就是在把手上打孔并在其中嵌入一个有装饰线条的承重环，同时保持边缘平滑。瓶塞的位置偏下，设计中采用了外部打孔的截断圆锥体外形。可能是为了避免内部液体蒸发，瓶塞塞入瓶体时能够实现完美的封闭效果。瓶底加装了边缘极为平滑的垫圈。底部外侧略微突起，饰有一些同心圆环。

玛丽内娜·李斯塔 Marinella Lista

30 铜制浴用品

青铜
长 27.5 厘米
那不勒斯国家考古博物馆，编号 69961–69962

洗浴用具由一个圆环连接在一起，平滑的薄板是用来悬挂的，这个浴具呈勺子状，内部的表面是凹的，且很平滑，在浴具的末端像肘关节一样弯曲，弯曲的部分呈圆形。这个用具的外表面则用很深的凹槽作为装饰。浴具的手柄由底部带有两个凹槽的装饰柱组成，上面刻有衣着整齐的人物图案。

带有平滑薄板的连接环的一端是可以活动的，目的是装入其他浴具。这个浴具和连接环是为了方便人们清洁身上的汗水和污垢，也暗示了在健身房，体操馆，或者公共浴场的盥洗室里所需物品种目的繁多，完整的一套用具还包括体育馆或健身房里用来装洗浴用香料的容器。

玛丽内娜·李斯塔 Marinella Lista

31 项链

金质配祖母绿宝石；长 36 厘米
公元一世纪
出土于庞贝
那不勒斯国家考古博物馆，编号 114288

这条项链由一条环环相扣的双股线构成，效果如同针织一般。环与环之间的连接点是一些小写字母，这些图案将各个搭扣点的闭合处巧妙地隐藏了起来。项链上的几个固定连接处共镶有 14 块棱柱形祖母绿，它们的大小略有不同，下面用一根金线串起。项链的闭合处使用了一个简单的弧形挂钩并搭配一个小环。

这条优雅的项链适用于穿低领衣服时佩戴。即使在罗马时代，它也是非常珍贵的，因为嵌入的祖母绿与黄金的质感形成了令人愉悦的反差。

特蕾莎·格维 Teresa Giove

32 半球形手镯

金质
长 25 厘米
公元一世纪
出土于庞贝
那不勒斯国家考古博物馆，编号 136792

这是一对手镯中的一个，由一根饰有 12 对金质半球的双股线条构成。这些球体位于手镯内部，通过对球体上部的隐蔽式焊接整合在一根倾斜线条上。使用线上的挂钩可以将两个手镯扣在一起；每个手镯上都焊有作为装饰用的钢箔树叶，上面挂有闭合环。闭合环本身镶嵌在手镯中间，被一根小螺栓穿过并固定在自己的位置上。

这个半球形手镯拥有很多衍生形态，是一种创新的饰品类型。该手镯的制造者可能是坎帕尼亚地区的奥里菲西（aurifices）人，他们的作品在罗马时代非常流行。

特蕾莎·格维 Teresa Giove

33 耳环

黄金和珍珠
长 3.4 厘米
公元一世纪
出土于维苏威地区
那不勒斯国家考古博物馆，编号 132790–132791

这是一对耳环，也可以叫做〝一串〞耳环，它由不规则排列的小珍珠组成，小珍珠中间穿插着四根金缕线。金缕线通过一个圆形的支撑物挂靠在耳环后侧，同时耳环的挂钩线的起点也是这个支撑物，形成了一个长长的弧形拱。珍珠使得这对耳环格外珍贵，在古时备受推崇。这种耳环罕见的原因在于其无可避免的高昂价格。

特蕾莎·格维 Teresa Giove

34 耳环

金质，长 3.5 厘米
公元一世纪
维苏威地区出土
那不勒斯国家考古博物馆，编号 24840–24841

这对金质耳环呈球状瓣叶形，表面有许多微粒状突起，形成了一系列同心圆。匠人通过金属浮雕细工的方式实现了这种巧夺天工的粒化效果。耳环内部是空心的，内部边缘经过焊接的金属线，将棱边一个个连接起来。耳坠的吊环是一条双弧线型的柔和金属线，它与耳环上端连接的部分正好被宝石镶嵌的部位遮掩了起来。

特蕾莎·格维 Teresa Giove

35 蛇形戒指

金质
直径 1.7 厘米
公元一世纪
出土于庞贝
那不勒斯国家考古博物馆，编号 113744

这是一枚金质戒指，形如蜷起的蛇。蛇的尾部形成了 4 个盘旋，而蛇的头部则向前伸；蛇眼的材质是玻璃（现只存一个）。因为这枚戒指使用时间特别长、过于频繁，所以蛇头部及颈部的鳞片上有不甚明显的裂缝。

这枚戒指是罗马时代最普通的首饰，各个社会阶层的任何男女都可以佩戴，它甚至普通到可以几个手指上一起同时佩戴。蛇形戒指与蛇形手镯一样，均非常典型。这种类型的饰品变化非常多，很可能是因为它们含有符咒以及宗教的意味。除了与健康的守护神伊吉亚（igea）和阿斯克莱比奥（asclepio）有关联外，这种首饰还可能与酒神崇拜的大背景有关。

特蕾莎 · 格维 Teresa Giove

36 狩猎纹壁画

从金属锭条上剥离的壁画
高 30 厘米（加边框为 38.2 厘米），长 136 厘米（加边框为 144.5 厘米）
保存状况：极好，有轻微掉色
那不勒斯国家考古博物馆，编号 8815

自 1760 年这幅画成为皇室收藏以来，没有准确数据表明黑色背景上缰绳的出处。同年《埃尔科拉诺之古迹》第二卷第 205 页中将该作品进行了复制。

根据残片的长度及轻微弯曲的上边缘来看，这块残片有可能和其他那不勒斯博物馆馆藏的残片一样是柱廊式庭院的装饰物，以前人们经常在庭院的墙壁上饰以类似的图案。

画面内容是两场在草原上展开的捕猎行动，判断的依据是周围稀疏的灌木丛。为了躲避一头饥饿的狮子的目光，一只羚羊正在朝左方逃跑；一只狮子和一头公牛正在画面中央对峙，同时另外两头公牛已经倒在了地上。画面的精妙之处在于不像其他作品那样关注残酷的打斗，而是集中在突袭那剑拔弩张的一刻。此外，作品虚拟的气氛也通过黑色背景（而不是真实的自然风光）的有力烘托而显示了出来。

画家在作画时倾注了大量的精力，而一些画面细节画家却通过巧妙的色点加以表现。整幅作品真实反映了公元一世纪中叶的绘画情况：在那个时代，所谓的四世纪风格的装饰方法已经在艺术家中间大为流行。我们能够感受到那个时代艺术所注重的是艺术形式的优雅。

瓦乐瑞亚·萨姆帕罗 Valeria Sampaolo

37 面具壁画

染色的灰泥
50×73.5 厘米，30 公斤
那不勒斯国家考古博物馆，编号 9804

这幅壁画是四联壁画中的一幅，所有这些壁画都属于那不勒斯国家考古博物馆，每幅壁画的中间位置都呈现了一个面具。

现在我们看到的这幅壁画镶嵌在一个镶板中，镶板的背景是蓝色的，顶部带有阶梯状花纹，有可能让人想起剧院的布景。这个面具和一个在新戏剧中常常出现的年轻人极其相似。

这幅壁画与另一幅表现的都是喜剧面孔，另外两幅则是悲剧的，所有这些壁画都镶嵌在带有蓝色背景和阶梯花纹的画框中，有些则是被柱子和花环框起来，那些具有象征意义的图案，并不是简单作为装饰图案（例如酒神杖，鼓形水车），它们实际上是长久以来装饰惯例的一部分，用来暗指剧场布置和相关的狂欢场景。

所有这些各种各样的面具壁画，无论是用来表现简单而具体的象征性事物，还是用来作为普遍装饰的，都非常频繁地出现在历代工艺美术作品中：陶土绘画、建筑装饰、绘画、浮雕、雕刻、陈设品、出土文物、盾牌、盔甲，以及珍贵的人物装饰物件。

保拉·鲁比诺 Paola Rubino

38 壁画

烛台壁画，染色的灰泥
高 216 厘米（加上边框为 223 厘米），宽 20.5 厘米（加上边框为 26.5 厘米）
公元一世纪或二世纪
发现于艾尔科拉诺
那不勒斯国家考古博物馆，编号 9735

39 壁画

烛台壁画，染色的灰泥
高 228 厘米（加上边框为 235 厘米），宽 20 厘米（加上边框为 27 厘米）
公元一世纪或二世纪
发现于艾尔科拉诺（D 区域），
那不勒斯国家考古博物馆，编号 9769

如今在那不勒斯国家考古博物馆中保存着从艾尔科拉诺家庭剥离的 3 种风格的共 23 块壁画残片。人们在 1746 年发现了这些残片，这是现存为数不多的反映公元前 20 年至公元 45 年间那个城市装饰风格的例证。

在墙基（墙壁的最底部）处采用了黑色背景，上面有鸟类、花瓶及灌木丛的形象。这些图像由刻有萨蒂利人形象或带有性意味的柱子隔开，同时这些柱子也起了支撑烛台的作用。烛台位于中间的夹层处并将黄色背景的镶板逐一隔开（部分位于 9769 号藏品中）。

举着葡萄酒杯的萨蒂利人的形象看上去格外高大。他们拿着水壶和托盘，随身携带的篮子中有的装满了水果而有的则用布遮掩了起来。他们头戴树叶做的桂冠，紧靠在墙基顶饰的白色花纹上；与这些形象对应的是，中间的烛台也由植物元素构成，并体现了狮鹫、斯芬克斯和鹰隼的形象。人们用几何形式将这些形象联系起来，让人不由想到一种捕鸟网的感觉。整个区域采用箔片上色，中央饰以一个豹头；此外烛台上还有一些酒神的象征物品，例如丁香花、钟摆以及面具的小型画面等等，这些元素在没有经过任何测量的情况下构成了二维的壁柱饰。

从公元前一世纪开始，人们就有在各种各样的装饰物上表现酒神形象的习惯，罗马人家中的餐室和起居室就是一个典型的例子。罗马人征服埃及之后（公元前 30 年），"法老"式的理念也随之进入了罗马，在这里我们看到的典型例子是斯芬克斯和鹰隼的形象。这体现了罗马人引入文化的方法：甫一征服便继承对方的文化遗产。这一点使得一个真正的"埃及化"风潮在大小城市、公共场所和私人家庭中迅速风行起来。

瓦乐瑞亚·萨姆帕罗 Valeria Sampaolo

40 男性头像

白色大理石
高 26.1 厘米
约公元前 40－前 30 年
艾尔科拉诺
那不勒斯国家考古博物馆，编号 6245

头像表现的是一张业已成年的男子的修长面孔，从这张脸上我们可以找到很多个人特点：前额被皱纹刻划出道道沟壑、眼睛旁边有细长的鱼尾纹、鼻翼和嘴部周围的肌肉组织呈放松状态，形成一道褶皱。这些要素无一不指向所要表现的人物形象的个人特征。他的头发卷曲得特别短，紧紧贴在脑壳之上。朝上半身延伸的颈部则说明这尊头像原来是要安插在雕像上的。

这尊头像很好地反映了晚期罗马共和国的雕塑风格：注重外表细节，强调还原人的真实外貌。种种细节说明这尊头像是罗马共和国时期的产物。

玛丽亚·罗莎里亚·包瑞罗 Maria Rosaria Borrielo

41 身着长袍者塑像

白色大理石
高 189 厘米，底面积 70×35 厘米
公元一世纪上半叶（奥古斯都－提伯里欧时代）
庞贝及艾尔科拉诺
那不勒斯国家考古博物馆，无编号

雕塑的服装和他身旁的圆形匣子说明其身份是一个城市的执政官。他身穿罗马公民的典型服装——长袍，这身宽大的长方形绸缎服穿在他的贴身短上衣外面，包裹了他的全身，一直拖到左手。整件衣服在他的上身形成了有透明效果的厚厚褶皱。他穿着古罗马传统的绑着十字形鞋带的卡尔奇（calcei）鞋，鞋子一直包裹到足跟部。这双鞋和长袍一样，也能够反映雕塑对象的社会角色。雕塑的左手无名指上戴有一个镶有方形宝石的戒指。他身边旁的圆形匣子里放的是写在纸莎草纸卷上的官方文件。

塑像的头被长袍的边缘遮住了，但是其前额的短发依旧可见，脸部非常有特点，前额和眼睛都比较大，其中一个眼睛的瞳孔中还留有棕色的痕迹。他紧闭的双唇和鼻翼旁的曲线凸显了这个未知人物的个性特征。

玛丽亚·罗莎里亚·包瑞罗 Maria Rosaria Borrielo

42 图拉真皇帝塑像

白色大理石
高 210 厘米，底座 62×52 厘米
公元一世纪末期；雕塑头像时间为公元二世纪第一个十年
米都诺
那不勒斯国家考古博物馆，编号 6072

这位罗马皇帝的统治时间是 99 年至 117 年。雕像中的他已经成年，身着阅兵式专用军装：他的短上装上有波纹状的褶皱，身着胸甲及披风，随身佩剑。胸甲的覆盖范围到左肩为止，分界点周围有一些虽然简单但是很丰富的装饰物：上方的胸带之间是美杜莎（神话传说中用目光将对方石化的怪物）的形象，她的头下方垂着几条蛇；位于中央的是战争女神雅典娜的神像和她的象征物——头盔和宙斯盾。在女神像旁边的是两个头戴芦竹枝冠的舞女形象，这两个形象的起点是中部一棵垂下的棕榈树。胸甲下方是两排金属护甲板，上面一排呈波浪形，有一些石化牛面具以及类似的棕榈树下的狼头形象，下面一排则点缀有棕榈树、植物的图案以及一对公羊头。图拉真皇帝的剑是插在鞘里的，剑柄上也有棕榈树作为装饰；披风裹住了雕像的肩膀以及左臂，而从左臂上垂下的披风则形成了厚厚而参差不齐的褶皱。雕像脚蹬君主及社会高层人士特有的高筒靴，鞋带系得很紧，靴子上也用了棕榈树加以装饰。

身穿阅兵式专用军装的皇帝雕像是罗马帝国时代的独创：采用这个形象不仅可以突出对象的军事背景，更可以凸现征服者的象征意义。此外，雕像所穿的胸甲也起着相同的作用。

玛丽亚·罗莎里亚·包瑞罗 Maria Rosaria Borrielo

43 维纳斯塑像

白色大理石
高 184 厘米；底座大小约 43×55 厘米左右
公元二世纪中叶
发现于波佐利
那不勒斯国家考古博物馆，编号 6295

女神表现为刚出浴时的形象，她以羞怯的姿态用手遮掩自己的胸部，以示贞洁。她的衣服零乱地折叠在一起，弯弯曲曲地一直垂到地面；看上去既松软又紧密，完美地体现了洗浴后衣物材质的效果，同时也凸现了女神右腿的动感。她浓密的长发如波浪一般卷曲成一个个发髻，衬托出姣好的容貌，从颈部垂下的纤长而浓密的卷发，一直披到她的肩上。根据传说维纳斯出生于塞浦路斯岛周围的海域，这造就了她爱水的天性，而这一点通过雕塑得到了完美的体现。一个带翼的小天使跟随着女神，他靠在一头海怪上，胸前捧着一只鸽子。

这种〝贞洁的维纳斯〞类型的雕像是罗马时代的创举，雕塑吸收了公元前二世纪中叶希腊时期的风格特点。罗马帝国时代极为推崇这种雕塑类型，它成了开放空间、花园、家庭廊柱内院、别墅及温泉设施里最受欢迎的雕塑形式之一。这种雕塑在温泉里主要作为泉眼或者水源口来使用。

玛丽亚·罗莎里亚·包瑞罗 Maria Rosaria Borrielo

44 圆形浮雕

白色大理石
直径 27.7 厘米，厚度 2.6 厘米
公元一世纪 (79 年前期)
艾尔科拉诺
那不勒斯国家考古博物馆，编号 6635

浮雕的正反两面都雕有类似的仪式画面。其中一幅是猪的祭祀画面，画面中的女性看上去年龄比较大，她身着长长的紧身祭服，正紧紧地抓住猪蹄。而她的右边则是一个精力旺盛的青年，他的右腿看上去非常灵活，而他全身的肌肉因用力而紧绷。他握住猪头，同时将左手的宽刃小刀刺入了猪的喉咙，喷涌而出的猪血，流入了地上的盆中。

浮雕的背面则是一幅农业场景：一位长胡子的老人披着随风飘曳的斗篷坐在岩石上吹奏双笛，老人的背景是同样位于岩石之上的祭坛，祭坛之上是正在熊熊燃烧的还愿祭品。

这种类型的浮雕是花园及罗马家庭庭院内常见的雕塑形式，最常见的位置是悬挂在门廊的拱门上。这类浮雕经常通过神话传说中的人物形象影射现实世界，这些形象包括：酒神、森林神、酒神的女祭司及其他与本地文化有关的仪式形象。

玛丽亚·罗莎里亚·包瑞罗 Maria Rosaria Borrielo

45 奥古斯都金币

黄金

直径 21–20 毫米，7.77 克；保存状态：完好

公元前 18–17/16 年，西班牙造币所

Bibl.：cfr. RIC I p.51 n.149 a

D. SPQR CAESARI AVGVSTO

面向右侧的神像，无装饰；有线条轮廓

头部带着头盔，左部右手握军旗，左手扶着 Parazonio 腰带；无边纹

那不勒斯国家考古博物馆，编号 Fr.3623

46 迪贝里金币

黄金

直径 20 毫米，7.73 克；保存状态：完好

公元 14–37 年，罗马造币所

Bibl.：cfr. RIC I p.95 n.25

D. TI CAESAR DIVI AVG F AVGVSTVS

面向右侧台比留（Tiberio/Tiberius）的配戴桂冠头像；有边纹

R. PONTIF MAXIM

女性形象，面向右侧而坐，左手持竖直的权杖，右手持一小树枝；有边纹。

那不勒斯国家考古博物馆，编号 Fr.3989

47 加奥时代（GAIO）的铜币

铜

直径 29 毫米，11.62 克，保存状态：完好

公元 37–38 年，罗马造币所

Bibl.：cfr. RIC I p.111 n.38

D. C CAESAR AVG GERMANICVS PON M TR POT

头部面向左侧，无装饰；有边纹

披挂轻薄衣饰，面向左侧，坐在宝座上，右手持爵（古时祭祀用的），左手持一个长权杖；有边纹。

那不勒斯国家考古博物馆，编号 Fr.4128

48 克劳迪奥时代钱币

铜

直径 29 毫米，10.36 克 保存状态：完好

公元后 41–50 年 罗马造币所

Bibl.：cfr. RIC I p.128 n.100

D. TI CLAVDIVS CAESAR AVG P M TR P IMP

头像面向左侧，无装饰；有边纹

位于右侧的密涅瓦（R.Minerva）左手持盾，左手投标枪；边侧有 SC 字样；有边纹。

那不勒斯国家考古博物馆，编号 Fr.4222

49 尼禄时代铜币

铜

直径 36 毫米，28.01 克 保存状态：完好

公元 65 年，罗马造币所

Bibl.：cfr. RIC I p.166 n.278

D. NERO CLAVD CAESAR AVG GERM P M TR P IMP PP

面向右侧台比留（Tiberio/Tiberius）的配戴桂冠头像；有边纹

R. 罗马

身着罗马军装服饰，面向左侧，坐于一些武器上，左手持一短剑，伸出的右手有一个胜利的小花环，周边有 SC 字样；有边纹。

那不勒斯国家考古博物馆，编号 Fr.4533

50 加尔巴时代的铜币

铜

直径 36 毫米，28.01 克 保存状态：完好

公元 68 年，罗马造币所

Bibl.：cfr. RIC I p.248 n.344

D. IMP SER GALBA CAESAR AVG TR P

面向右侧的加尔巴的配戴桂冠头像；有边纹。

R. CONCORD [AVG]

肯考迪亚 (Concordia) 面向左侧，坐在宝座上，左手持一权杖，伸出的右手拿了一个橄榄树枝，边侧有 SC 字样；有边纹。

那不勒斯国家考古博物馆，编号 Fr.4795

51 威斯帕西时代的金币

黄金
直径 :19 毫米，7.22 克；保存状态：完好
公元 69—70 年，罗马造币所
Bibl.:cfr. RIC II p.15 n.6
D. IMP CAESAR VESPANIANVS AVG
面向右侧，威斯帕西的配戴桂冠头像；有边纹
R. COS ITER TR POT
裸体战神，佩戴头盔，面向右侧前进方向右手持一长矛，左肩上有一只军鹰；有边纹。
那不勒斯国家考古博物馆，编号 Fr.5236

52 提托时代的铜币

铜
直径 29 毫米，29 克 保存状态：完好
公元 80 年，罗马造币所
Bibl.:cfr. RIC II p.130 n.20 a
D. IMP T CAES VESP AVG P M TR P COS VIII
面向右侧带有花环的提托头像；有边纹。
披挂轻薄衣饰，面向左侧坐于宝座上，伸出的右手上拿着一座小雕像，左右持一长权杖，边侧有 SC 字样；有边纹
那不勒斯国家考古博物馆，编号 Fr.6869

53 多米齐时代的银币

银

直径:20 毫米，3.41 克；保存状态：完好

公元 85 年，罗马造币所

Bibl.：cfr. RIC II p.163 n.75

D. IMP CAES DOMIT AVG GERM P M TR P V

面向右侧的多米齐的配戴桂冠头像；有边纹

R. IMP XI COS XII CENS P P P

Minerva 面向左侧，右手中握有一个闪电，左手中持有长矛；有边纹。

那不勒斯国家考古博物馆，编号 Fr.7098

54 内尔瓦时代的铜币

铜

直径:34 毫米，26.52 克；保存状态：完好

公元 96 年，罗马造币所

Bibl.:cfr. RIC II p.227 n.56

D. IMP NERVA CAES AVG P M TR P COS II P P

内尔瓦的配戴桂冠头像，面向右侧；有边纹

R. CONGIAR P R

帝王坐在左侧一个发放赠品的台子上，旁边坐着一位官员，一位市民在入口的台阶上；背景上有 Minerva 和 Liberalitas 的雕像，在下面有 SC 字样；有边纹。

那不勒斯国家考古博物馆，编号 Fr.7256

55 特拉伊亚诺时代的铜币

铜

直径 :35 毫米，25.28 克；保存状态：完好

公元 102 年，罗马造币所

Bibl.:cfr. RIC II p.276 n.446

D. IMP CAES NERVA TRAIAN AVG GERM P M TR P VI

特拉伊亚诺的配戴桂冠头像，面向右侧，有边纹

R. IMP IIII COS IIII DES V P P

位于左侧 La pace 坐在宝座上，右手持权杖，伸出的左手拿着一根橄榄树枝；下方有 S C 字样；有边纹。

那不勒斯国家考古博物馆，编号 Fr.7403

56 亚德里亚诺时代的金币

金

直径 :20 毫米，7.30 克；保存状态：完好

公元 125 年，罗马造币所

Bibl.:cfr. RIC II p.361 n.186

D. HADRIANVS AVGVSTVS

亚德里亚诺的配戴桂冠头像，面向右侧；有边纹。

R. COS III

帝王骑着马朝向右侧，右手倚靠在马背上，左手抬起；有边纹。

那不勒斯国家考古博物馆，编号 Fr.7910

57 安东尼时代的铜币

铜

直径:34 毫米，25.08 克；保存状态：完好

公元 140—144 年，罗马造币所

Bibl.:cfr. RIC III p.110 n.618

D. ANTONINVS AVG PIVS P P TR P COS III

安东尼的配戴桂冠头像，面向右侧；有边纹。

R. PROVIDENTIAE DEORVM

有翅膀的闪电，边侧有 S C 字样；有边纹。

那不勒斯国家考古博物馆，编号 F.r. 8720

58 奥乌莱利时代的铜币

铜

直径:32 毫米，27.99 克；保存状态：完好

公元 174—175 年，罗马造币所

Bibl.:cfr. RIC III p.302 n.1128

D. M ANTONINVS AVG PR P XXIX

罗马皇帝奥乌莱利的配戴桂冠头像，面向右侧；有边纹。

R. IMP VII COS III

Annona 面向左侧，右手持着麦穗，左手持着丰饶角；左下方是一个瓶子，边侧有 SC 字样；有边纹。

那不勒斯国家考古博物馆，编号 F.r. 9653

59 科莫多时代的金币

金

直径 :20 毫米，7.19 克，保存状态 : 完好

公元 181–182 年，罗马造币所

Bibl.:cfr. RIC III p.370 n.38

D. M COMMODVS ANTONINVS AVG

科莫多的配戴桂冠头像，面向右侧；有边纹。

D. M COMMODVS ANTONINVS AVG

Securitas 坐于左侧，左手持权杖；有边纹。

那不勒斯国家考古博物馆，编号 F.r. 9942

60 斯维利奥时代的铜币

铜

直径 :32–31 毫米，24.31 克，保存状态 : 完好

公元 194 年，罗马造币所

Bibl.:cfr. RIC IV/1 p.183 n.669

D. L SEPT SEV PERT AVG IMP III

斯维利奥的配戴桂冠头像，面向右侧；有边纹。

R. DIS AVSPICIB TR P II COS II P P

在面前的赫拉克勒斯和酒神巴库斯，头部转向左侧。赫拉克勒斯右手倚靠着棍棒，左臂扶着 leontè 衣装，酒神巴克斯右手拿着杯子，左手拿着一个顶端为松果型的酒神杖。在他们中间是一只豹；下方有 SC 字样；有边纹。

那不勒斯国家考古博物馆，编号 F.r. 10269

61 卡拉卡拉时代的铜币

铜

直径 :32 毫米，27.61 克，保存状态：完好

公元 215 年，罗马造币所

Bibl.:cfr. RIC IV/1 p.301 n.538

D. M AVREL ANTONINVS PIVS AVG GERM

卡拉卡拉上半身的装备，披风和配戴桂冠的头像，面向右侧，有边纹。

R. P M TR P XVIII IMP III COS IIII P P

面前的埃斯科拉庇俄斯，头部转向左侧；右手扶着手杖，手杖周围缠绕着蛇；他的双脚左边是小 Telesforo，右边是一个球；边侧有 SC 字样；有边纹。

那不勒斯国家考古博物馆，编号 F.r. 10731

62 安东尼奥时代的铜币

混合体

直径 :23 毫米，3.49 克；保存状态：完好

公元 270–275 年，罗马造币所

Bibl.:cfr. RIC V/1 p.281 n.150

D. IMP C AVRELIANVS AVG

奥里利乌斯上半身装备和配戴桂冠头像，面向右侧；有边纹。

R. ORIENS AVG

头戴光环的太阳之子，裸体，面向左侧，肩膀上带着披风，左手拿着球，右手抬起；他左脚倚靠在左边坐在地上，手被捆绑在背后的囚犯上，另一个囚犯坐在右边；有边纹。

那不勒斯国家考古博物馆，编号 F.r. 13036

63 迪奥克莱齐时代的铜币

铜
直径 :28 毫米，10.28 克，保存状态：完好
公元 303—305 年，特莱维利 (Treviri) 造币所
Bibl.:cfr. RIC VI p.200 n.576
D. IMP DIOCLETIANVS AVG
迪奥克莱齐上半身装备，披风和配戴桂冠头像，面向右侧；有边纹。
R. GENIO POPVLI ROMANI
裸体天才，面向左侧，头上有 modio，肩膀上带着披风，右手拿着古时祭祀用的爵，左手拿着丰饶角；边侧有 S F 字样，下方有 PTR 字样；有边纹。
那不勒斯国家考古博物馆，编号 F.r. 13491

64 科斯坦丁时代的铜币

铜
直径 :25 毫米，7.16 克，保存状态：完好
公元 314—315 年，里奥尼 (lione) 造币所
Bibl.:cfr. RIC VII p.123 n.13 var.
D. IMP C CONSTANTINVS P F AVG
君士坦丁大帝上半身披风和配戴桂冠头像，面向右侧；有边纹。
R. MARTI PATRI PROPVGNATORI
头戴头盔的裸体战神，面向右侧，左手持盾，右手持长矛；左边有 GI 字样，右边有 II/S 字样；下方有 PLG 字样；有边纹。
那不勒斯国家考古博物馆，编号 F.r. 14063

65 特奥德西时代的金币

金

直径:20 毫米，4.44 克，保存状态：完好

公元 293—295 年，Sirmium 造币所

Bibl.:cfr. RIC IX p.161 n.14

D. D N THEODOSIVS P F AVG

特奥德西带有装备和披风的上半身和 diademata 头像，面向右侧；有边纹。

R. VICTORIA AVGGGA

皇帝身着军装，面向右侧，右手拿着军旗，左手拿着球上面的一个小的胜利标志，左脚在地上的敌人身上；边侧有 SM 字样；下方有 COMOB 字样；有边纹。

那不勒斯国家考古博物馆，编号 F.r. 14832

66 伪－塞内加的雕像

大理石
高 35 厘米，宽 21 厘米
公元 50－79 年
出土于斯塔皮埃（发掘于皮蒙特的村庄，复制品）
那不勒斯国家考古博物馆，编号 150196

这是该雕像超过 40 个复制品中的一个，很长时间以来学者们都错误地认为这是哲学家塞内加的形象。被称为伪－塞内加的雕像。直到 1813 年才于罗马被发现并验明正身，具体地点是马太伊（Mattei）山谷的齐利奥（Celio）山，人们给山中一根雕有塞内加头像的双头柱起了上面的正式名字。因此，福尔维奥 · 奥尔西尼（Fulvio Orsini）于 1598 年出版的《塑像画面》一书中的观点就被驳倒了。根据自己对原始资料的研究，他认为这尊富有古希腊风格的罗马哲学家雕像拥有的其实是那位拉丁思想家的外貌。这些复制品中最有名的当属出土于艾尔科拉诺的巴比里别墅的铜制品了。

古希腊风格雕塑的历史最早可以追溯到公元前二至三世纪，现在认为最早的一尊表现的是一位至今不为人所知的诗人或剧作家的形象。人们对他的身份作出了种种假设，其中包括：美南德罗（Menandro）、阿里斯托芬内（Aristofane）、弗勒莫内（Filemone）和埃尼奥（Ennio）。

这尊头像生动的造型和较之正常比例略大的尺寸表现出一股强烈的力量感。他的眼眸、半张的嘴以及略微向右的头颅，都充满了激情。中古希腊时代的人物形象通过这尊复制品得到了戏剧般的诠释：稀疏的胡子、拥有绘画效果的卷发、脸颊上因为皱纹而形成的道道沟壑、深陷进去的眼球周围环绕着沉重的眼皮和肿胀的眼圈。

这尊来自斯塔皮埃的雕像是坎帕尼亚地区所有复制品中的第一尊。因此我们可以大胆猜测：这尊头像是用来装饰斯塔皮埃市郊山坡上无数豪华别墅中的一座。这个猜想的依据是雕像颈部后方可以插入其他雕像或廊柱上。

玛丽内娜 · 李斯塔 Marinella Lista

67 维纳斯塑像

白色大理石
高 203 厘米，底面积 70×58 厘米
公元一世纪（公元 79 年前）
出土于庞贝
那不勒斯国家考古博物馆，编号 6288

雕像表现的是"纯洁的维纳斯"。此时女神刚刚出浴，她的左臂上戴着一个丝带状臂镯。她此时尚未披上浴巾，而是倚在身旁的一个大花瓶上。她波浪般的头发纤细而卷曲，从中间分开。同时她的头顶和后脑都打了一个很大的发结，发结中间的那缕秀发一直披到她的肩上。

这种风格的雕塑始创于古希腊时代晚期（公元前二世纪下半叶），风行于罗马时代，在罗马各地都有无数的同类作品或者复制品。

玛丽亚·罗莎里亚·包瑞罗 Maria Rosaria Borrielo

68 美少年塑像

铜质；浇铸镀银
高 123 厘米
公元一世纪，本品为公元五世纪末的作品
庞贝古城
那不勒斯国家考古博物馆，编号 125348

该雕像表现的是一名全裸的年轻男子，雕像的底座为圆形。他的头发中分，一缕缕地汇集在两侧的鬓角；眼睛生动活泼，黑色眼球的材料是玻璃；左手沿着身侧自然下垂，同时右臂弯曲右拳紧握，做出自我防卫的姿势。他的右腿挺直而左腿略微弯曲，上身微微左倾，符合肌肉在解剖学上的要求。艺术家通过自己非凡的才能实现了这一要求。

这是一尊晚共和国时期的复制品。原件的购买者是一名庞贝居民，其功能仅仅是为了“掌灯”（lampadophoros）。那时灯架的样子通常都是一名美少年，手中托一个有花卉图案的支撑物，支撑物里可以放火种或者悬挂油灯。

在那个时代，主人都喜欢通过相似的古希腊艺术的复制品炫耀自己的品味，这些复制品有的具有实际功用，有的却和这尊雕像一样更多地只是用来装饰。

保拉·鲁比诺 Paola Rubino

69 鲁弗的塑像

白色大理石
高 214 厘米，底面积 67×54 厘米
公元一世纪的第一个十年：奥古斯都时代
出土于庞贝
那不勒斯国家考古博物馆，编号 6233

当初在城市中心树立这尊雕像是为了纪念这位庞贝最杰出的公众人物。雕像被置于一座高台之上，高台正对着一块记载着鲁弗的头衔和公共管理事迹的碑文。雕像的右手举起做出日常的膜拜姿势，这种姿势是帝王和社会高层人士所特有的。他身穿的军装暗示皇帝授予其部队统帅的光荣使命。他服装上的胸甲配有丰富的装饰花纹。中央是美杜莎神（传说中的怪物，她的目光能将对手石化）的形象，两条蛇纠结在美杜莎头的下方；护肩上的图案是闪电，而在胸甲中央表现的则是一对奇幻动物，其中一只长着猫头和山羊头，头上有角，位于象征权力的权杖旁边，权杖倚靠在一棵垂下的棕榈树的两根枝条上。胸甲下方是三排金属护甲，这也有象征胜利的含义：最上一排护甲上长胡子男人和女人的头像互相交替；下一排则是公羊的头像和大象的头像。工匠在鲁弗的斗篷上留下了深深的褶皱，鲁弗穿着具有古罗马特色的卡尔奇（calcei）靴，靴子的形状呈十字形，紧紧缚住的鞋带一直垂到脚面上。短靴的线条长而扁平，靴身后部呈波浪形。发掘时原来斗篷上的红色和靴子的黑色还依稀可见，但现在已经完全丧失了。

雕像的头部原来是另一座雕像上的，但公元 62 年的一场地震毁了那座雕像，于是保存还算完好的雕像头就用在了这尊鲁弗雕像上。

这座雕像身上的胸甲代表了中心主题，即权力的象征。罗马帝国时代穿阅兵式军装的雕像往往是体现一座城市的最高荣誉之一：罗马帝国将雕像置于公共建筑或市中心地区，这不仅证明了雕塑人物的伟大，更是为了巩固自己的影响力和统治权力。

玛丽亚·罗莎里亚·包瑞罗 Maria Rosariz Borrielo

图书在版编目（CIP）数据

罗马文明／中华世纪坛世界艺术馆编．－北京：文物出版社，2007．3

（伟大的世界文明）

ISBN 978-7-5010-2151-2

Ⅰ．罗… Ⅱ．中… Ⅲ．文化史－古罗马－图集

Ⅳ．K126-64

中国版本图书馆 CIP 数据核字（2007）第 027889 号

《伟大的世界文明》 编委会 [罗马部分]

[总 策 划] 王立梅

[总 编 审] 朱扬明

[编　　委] 汝　信　苏士澍　王建琪　王立梅　朱扬明　冯光生　崔维平　石京生

[展览协调] 陈晓林　张丽丹　李　威　孙　敏　戴　兵　陆浤默　吴静静

[展陈设计] 乔瓦尼 · 布连 (Giovanni Bulian)　n!studio 建筑事务所

卡罗琳娜 · 卡米丽 (Carolina De Camillis)　理查多 · 菲比 (Riccardo Fibbi)

李智跃　祝　军　刘丛忠　宁　莹

[书籍设计] 肖　晓

[编　　辑] 蒋海梅　柳　青　李秋实　王凯笛

[撰　　稿] 玛丽亚 · 安东尼塔 · 托美 (Maria Antonietta Tomei)　瑞塔 · 帕里斯 (Rita Paris)　罗珊娜 · 弗里吉里 (Rosanna Friggeri)　克劳迪亚 · 玛瑞娄 (Claudia Marino)　玛丽亚 · 特蕾莎 · 考拉迪 (Maria Teresa Corradi)　玛丽内娜 · 李斯塔 (Marinella Lista)　保拉 · 鲁比诺 (Paola Rubino)　玛丽亚 · 罗莎里亚 · 包瑞罗 (Maria Rosaria Borriello)　特蕾莎 · 格维 (Teresa Giove)　瓦乐瑞亚 · 萨姆帕罗 (Valeria Sampaolo)　M.L.

[翻译校审] 曹金刚　文　铮

[借展单位] 意大利罗马国家博物馆

意大利那不勒斯国家考古博物馆

伟大的世界文明

罗马文明

[编　　著] 中华世纪坛世界艺术馆

[出版发行] 文物出版社

[经　　销] 新华书店

[责任编辑] 段书安

[印　　制] 北京雅昌彩色印刷有限公司

[开　　本] 965×1270mm 1/16

[印　　张] 5.25 印张

[版　　次] 2007 年 4 月第 1 版

[印　　次] 2007 年 4 月第 1 次印刷

[书　　号] ISBN 978-7-5010-2151-2

[定　　价] 78.00 元

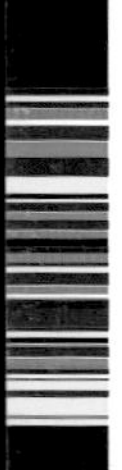